Elke Emmerich
Andrea Lex-Kachel
Martina Oberhauser

Mit AD(H)S durch
die Grundschule

Knaur

Für Tina

Elke Emmerich
Andrea Lex-Kachel
Martina Oberhauser

Mit AD(H)S durch die Grundschule

Wie Sie Konzentration, Motivation und Organisation Ihres Kindes fördern

Mit einem Vorwort von
Dr. Christine Kaniak-Urban

www.knaur-ratgeber.de

Bibliografische Information der Deutschen Nationalbibliothek
Die Deutsche Nationalbibliothek verzeichnet diese Publikation in der
Deutschen Nationalbibliografie; detaillierte bibliografische Daten sind
im Internet über http://dnb.d-nb.de abrufbar.

Wichtiger Hinweis
Die im Buch veröffentlichten Ratschläge wurden mit größter Sorgfalt
von Verfasserinnen und Verlag erarbeitet und geprüft. Eine Garantie
kann jedoch nicht übernommen werden. Ebenso ist eine Haftung der
Verfasserinnen bzw. des Verlages und seiner Beauftragten für Personen,
Sach- oder Vermögensschäden ausgeschlossen.

© 2007 Knaur Ratgeber Verlag
Ein Unternehmen der Droemerschen Verlagsanstalt Th. Knaur Nachf.
GmbH & Co. KG, München
Alle Rechte vorbehalten

Projektleitung: Caroline Colsman
Redaktion: redaktionsbüro drajabs, Berlin
Umschlagkonzeption und Umschlagillustration:
griesbeckdesign, München
Satz und Herstellung: Dagmar Guhl
Druck und Bindung: Offizin Andersen Nexö Leipzig GmbH, Zwenkau
Printed in Germany

Die Übung »Rot, grün, wer?« (S. 44) wurde mit freundlicher Genehmigung des CARE-LINE-Verlags entnommen aus: Heil/Effinger/
Wölfl: *Schüler mit ADHS – verstehen, fördern, stärken*; Neuried 2006.

ISBN 978-3-426-64276-4

5   4   3   2   1

Inhalt

Vorwort 7

Eine Ermutigung anstelle einer Einleitung 9

Im Kindergarten: Verdacht AD(H)S 12
   Das ist heute passiert 12
Hintergrundwissen 14
   Was ist AD(H)S? 14
   Die problematische Diagnose 16
Was zu tun ist 21
   Manchmal sind Medikamente sinnvoll 21
   Psychotherapeutische und andere Möglichkeiten 27
   Die große Frage nach der richtigen Erziehung 30
Ich nehme mir Zeit für mein Kind:
Gemeinsam die Sinne schärfen 33
   Extratipp: Sind Ohren und Augen fit? 35

Das erste Schuljahr: Lernprobleme verhindern 36
   Das ist heute passiert 36
Hintergrundwissen 38
   Der »Hürdenlauf der Informationen« 38
   Der Abspeicherprozess bei AD(H)S-Kindern 43
Was zu tun ist 46
   Zusammenarbeit von Eltern und Schule 46
   Struktur und Hausaufgaben 47
   So unterstütze ich mein Kind beim Lernen 53
Ich nehme mir Zeit für mein Kind:
Gemeinsam das Gedächtnis trainieren 58
   Extratipp: Sport macht fit 59

Das zweite Schuljahr: Selbstbewusstsein stärken 60
   Das ist heute passiert 60
Hintergrundwissen 62
   Teufelskreis Machtkampf 62
   AD(H)S-Kinder schützen ihren Selbstwert 65

Was zu tun ist 67
Echte Wertschätzung und Anerkennung 68
So fördern Sie die Selbstakzeptanz Ihres Kindes 70
Gefühle bewusst erleben 74
Ich nehme mir Zeit für mein Kind:
Gemeinsame schöne Zeit 80
Extratipp: Kunst macht fit 81

Das dritte Schuljahr: Schule und Elternhaus
als Erziehungsgemeinschaft 82
Das ist heute passiert 82
Hintergrundwissen 84
Eine Nachricht, viele Botschaften 84
Das Kind als Verlierer 88
Was zu tun ist 89
Das Gespräch mit der Lehrerin 90
So finde ich die richtigen Worte 92
Im Gespräch bleiben 95
Gespräche mit dem Kind 98
Ich nehme mir Zeit für mein Kind: Gemeinsam spielen ... 102
Extratipp: Musik macht fit 103

Die letzten Grundschuljahre: Vertrauen in die Zukunft . 104
Das ist heute passiert 104
Hintergrundwissen 106
Intelligenz und Schulerfolg 107
Was zu tun ist 109
Nützliche Lernmethoden 109
Die richtige Schule für mein Kind 116
Bewältigung von Prüfungsangst 119
Ich nehme mir Zeit für mein Kind:
Die Familie ausbalancieren 120
Extratipp: Nachhilfe – ja oder nein? 123

Anhang 124
Lösungsvorschläge 124
Literatur 127
Register 128

Vorwort

Der Bücherberg an Publikationen über Kinder, die – verursacht durch eine Aufmerksamkeitsstörung – sowohl zu Hause wie in der Schule anecken, ist inzwischen riesig angewachsen. Je nach theoretischem Hintergrund der Autoren wird bisher entweder auf medizinischer Basis oder auf psychologisch-therapeutischer argumentiert und Abhilfe empfohlen. Was aber kaum thematisiert wird, ist der schulische Alltag mit seinen Lern- und Verhaltensproblemen ebenso wie die dringend notwendige Zusammenarbeit von Eltern und Lehrerinnen*. Beide sind enge Bezugspersonen des Kindes, haben als solche jedoch vielfach keine Ausbildung, wie sie dem Kind auf seinem hürdenreichen Weg durch die Schule beistehen können. Im Alltag wird zur Linderung der eigenen Verzweiflung der Schwarze Peter in ermüdenden Ritualen zwischen Eltern und der Lehrerin hin- und hergeschoben.

Das Buch *Mit AD(H)S durch die Grundschule* schließt diese Lücke. Als Lehrerinnen und Schulpsychologinnen sind die Autorinnen vertraut mit der Situation auf beiden Seiten. In ihrer schulpsychologischen Praxis sind sie immer wieder aufgerufen, zwischen Elternhaus und Schule zu vermitteln und Vorschläge für eine Erleichterung der Lern- und Sozialsituation des Kindes in Schule und Elternhaus zu machen. Weil die Autorinnen Kinder mit einem AD(H)S-Syndrom aus dem Klassenzimmer sowie aus der schulpsychologischen Lernberatung kennen, gelingt es ihnen, eine Fülle konkreter Ratschläge für Eltern wie für Lehrerinnen anzubieten und die vordringlichen Fragen zu beantworten, die ich hier aus der Sicht eines Vaters oder einer Mutter stellen möchte:

---

* In diesem Buch wird die Bezeichnung LehrerIN gewählt, weil Kinder in der Grundschule meist von Frauen unterrichtet werden. Selbstverständlich sind auch Lehrer gemeint.

- Wie spreche ich mit der Lehrerin meines Kindes?
- Wie erkläre ich der Lehrerin das Verhalten meines Kindes?
- Wie gelingt es mir, die Lehrerin als Verbündete zu gewinnen?
- Welche Erleichterungen gibt es für mein Kind im Schulalltag und bei der Hausaufgabenbewältigung?
- Wie können wir beide – ich als Mutter/Vater, ich als Lehrerin – einen Erziehungsraum schaffen, in dem mein Kind geborgen ist?
- Was kann ich tun, damit die Beziehung zwischen meinem Kind und mir nicht bei den Hausaufgaben Schaden erleidet?
- Wie plane ich die Schullaufbahn meines AD(H)S-Kindes?

Ein Problem, das allen an der Erziehung eines Grundschulkindes Beteiligten immer wieder Kopfzerbrechen verursacht, ist die Planung der Schullaufbahn. Grundschulkinder, die durch ihre Verträumtheit oder ihre motorische Unruhe auffallen, werden oft zur Abklärung der Diagnose beim Schulpsychologen oder Kinder- und Jugendpsychiater vorgestellt. Wenn Eltern dann erfahren, dass ihr Kind mehr als durchschnittlich oder gar überdurchschnittlich begabt ist, die Schule aber dringend vom Gymnasium abrät, dann herrscht auf allen Seiten Verwirrung. Den Autorinnen gelingt es, die Kriterien psychologischer Diagnostik anschaulich darzulegen. Auf diese Weise ergibt sich nicht nur Aufklärung, sondern auch Entscheidungshilfe für die Schullaufbahn, immer mit dem vordringlichen Ziel: Die »Seele« des Kindes muss heil bleiben, damit auch das AD(H)S-Kind mit Selbstvertrauen ins Leben starten kann.

Wer für ein AD(H)S-Kind Hilfe in Schul- und Lernfragen sucht, als Eltern wie als Lehrerin, ist mit diesem praxisnah geschriebenen Buch gut beraten. Es gehört in die Lehrerausbildung und in jede Lehrerbibliothek genauso wie in die Hand interessierter Eltern.

Dr. Christine Kaniak-Urban
Staatliche Schulpsychologin, Kinder- und Jugendpsychotherapeutin

Eine Ermutigung anstelle einer Einleitung

Die Zahl der Kinder mit AD(H)S scheint in letzter Zeit immer mehr zu steigen. Zeitungen und Fernsehen berichten über das »Zappelphilipp-Syndrom«. Die Schulen beklagen, dass viele Schüler sich nicht mehr konzentrieren können.

Vielleicht fühlen Sie sich von diesem Buch angesprochen, weil auch Ihr Kind nicht ruhig sitzen oder sich nicht altersgemäß konzentrieren kann? Bestimmt machen Sie sich deshalb Sorgen und überlegen, was zu tun ist. Vielleicht haben Sie den Verdacht, dass Ihr Kind AD(H)S hat.

Ob bei Ihrem Kind diese Aufmerksamkeitsstörung diagnostiziert wird oder nicht, spielt bei der Lektüre dieses Buches keine große Rolle. Unsere Anregungen sind für alle Kinder hilfreich. Kinder mit Aufmerksamkeitsdefiziten brauchen nicht unbedingt andere, sondern meist »nur« intensivere Unterstützung.

Eltern von Kindern mit AD(H)S tragen oft eine schwere Last. Sie machen sich Sorgen um die Zukunft ihres Kindes. Sie müssen sich von ihrer Umwelt schon vor Schuleintritt oft mit argwöhnischen Blicken beäugen lassen, die zu sagen scheinen: »Können die ihr Kind nicht richtig erziehen? Bei mir gäbe es so etwas nicht!« Kommt das Kind in die Schule, gehen die Schwierigkeiten oft erst richtig los. Es beginnt der »Kampf mit den Hausaufgaben«, die Kinder haben Probleme mit dem Lernen und verlieren das Vertrauen in ihre Leistungsfähigkeit. Dass bei Eltern die Angst um die Zukunft ihrer Kinder steigt, ist allzu verständlich. Aber das muss nicht sein! Der Weg mit einem AD(H)S-Kind durch die Grundschule ist manchmal holprig, aber gewiss nicht unbegehbar.

Unser Buch soll all den Eltern und auch Lehrerinnen helfen, die mit AD(H)S-Kindern leben und lernen. Auch Kinder mit AD(H)S können unter bestimmten Voraussetzungen erfolgreich ihren Weg durch die Grundschule gehen. Wenn wichtige Grundregeln zum richtigen Zeitpunkt beachtet werden, ist das »kein Ding der Unmöglichkeit«. Haben Sie Mut und packen Sie es an!

In unserem Buch besprechen wir in jedem Kapitel ein wichtiges Thema, das – wie wir aus unserer Praxis als Lehrerinnen und Schulpsychologinnen wissen – Eltern von AD(H)S-Kindern in den unterschiedlichen Schuljahren am Herzen liegt. Wer diese »Stolpersteine« im Vorfeld kennt, kann durch geeignete Maßnahmen einen Teil bereits aus dem Weg räumen.

Oft treten im Kindergarten die ersten Schwierigkeiten auf. Der Verdacht »AD(H)S« wird zum ersten Mal ausgesprochen. Spätestens ab diesem Zeitpunkt schwirren den Eltern viele Fragen durch den Kopf. Wer kann mir helfen? Muss ich meinem Kind jetzt Medikamente geben? Habe ich etwas falsch gemacht? Wir helfen Ihnen auf den Seiten 21 – 33, Ihre Fragen zu sortieren und Antworten darauf zu finden.

Im ersten Schuljahr greifen wir auf den Seiten 47 – 58 das Thema »Lernen« und »Hausaufgaben« auf. Für Kinder mit AD(H)S ist es schwierig, vorgegebene Aufgaben in einem bestimmten Rahmen zu erledigen. Es gibt geeignete Methoden, die Ihrem Kind helfen können, diese Aufgaben zu meistern und Lernerfolge zu erleben.

Im zweiten Schuljahr beginnen die Misserfolge beim Lernen oft, am Selbstbewusstsein der Kinder zu kratzen. Sie verzagen, weil sie versuchen, ihr Bestes zu geben, und trotzdem Niederlagen einstecken müssen. Wir zeigen Ihnen auf den Seiten 70 – 80 vielfältige Übungen und Rituale, die das Selbstbewusstsein Ihres Kindes stärken.

Nicht nur Eltern, auch Lehrerinnen stoßen häufig an ihre Grenzen, wenn sie mit AD(H)S-Kindern lernen. Deshalb ist es wichtig, dass Sie mit der Lehrerin offen über die Schwierigkeiten Ihres Kindes sprechen. Wie solche Gespräche geführt werden, erfahren Sie in den Ausführungen auf den Seiten 90 – 97. Nach unserer Erfahrung ist das Miteinandersprechen eine der wichtigsten Grundlagen für eine tragfähige Zusammenarbeit von Elternhaus und Schule.

Alle Eltern wollen das Beste für ihr Kind. Eng damit verbunden sind die Fragen nach der richtigen Schulart. Wir haben häufig in unserer Beratungspraxis verzweifelte Eltern erlebt, die befürchten, ihr Kind werde niemals eine Chance auf eine Lehrstelle haben. Für Kinder mit AD(H)S muss genau überlegt werden, welche Schulart geeignet ist. Auf den Seiten 116–119 werden Sie Hilfestellungen zu diesem Thema erhalten.

Die Erfahrungen aus unserer schulpsychologischen Praxis zeigen, dass Kindern mit AD(H)S geholfen werden kann, wenn Eltern und Lehrerinnen
- Verständnis füreinander entwickeln,
- über das nötige Wissen von AD(H)S verfügen,
- geeignete Maßnahmen ergreifen, die sich für Kinder mit AD(H)S als wichtige Stützen erwiesen haben.

Jedes Kapitel beginnt mit einem Beispiel: *Das ist heute passiert*, das zeigt, wie unterschiedlich eine Situation von Eltern, Lehrerin und Kind wahrgenommen und empfunden wird. Darauf folgt ein Abschnitt, der Ihnen *Hintergrundwissen* vermitteln soll. Unter *Was zu tun ist* erhalten Sie konkrete Vorschläge für Ihr Vorgehen bei dem jeweiligen Problem.

Jedes Kapitel schließen wir mit Vorschlägen für Ihr Leben mit Ihrem Kind – außerhalb von Schule und Hausaufgaben: *Ich nehme mir Zeit für mein Kind* und *Extratipp*.

Es ist eine große Herausforderung, ein Kind mit AD(H)S durch das Leben zu begleiten. Sie werden immer wieder Rückschläge erleben, aber auch Erfolge, die Ihnen Kraft geben, den eingeschlagenen Weg weiterzugehen.

Vergessen Sie auf diesem Weg sich selbst nicht! Schaffen Sie sich bewusst Freiräume und genießen Sie diese ohne schlechtes Gewissen! Ausgeglichene, entspannte Eltern sind die besten Wegbegleiter, vor allem für unruhige Kinder.

Im Kindergarten:
Verdacht AD(H)S

Sicher hat sich Ihr Kind darauf gefreut, täglich mit anderen Kindern zu spielen. Warum fällt es ihm jetzt so schwer, mit ihnen zurechtzukommen? Die Erzieherin hat das auch schon festgestellt. Zu Hause hört Ihr Kind oft gar nicht, was Sie ihm sagen. Es malt nicht gern. Was bedeutet das? Und was können Sie tun?

Das ist heute passiert

Perspektive des Kindes	Perspektive der Erzieherin	Perspektive der Eltern
	Hoffentlich hat Marcels Vater heute Zeit für ein kurzes Gespräch. So wie Marcel im Moment ist, kann er im September nicht in die Schule. Er hört weder zu, noch kann er still sitzen. Ständig fängt er etwas Neues an zu spielen und bringt es nicht zu Ende. Aufräumen ist für ihn ein Fremdwort! Im Malen macht er auch keine Fortschritte! Aber das Schlimmste ist seine Aggressivität. Die anderen Kinder gehen ihm nur noch aus dem Weg.	17 Uhr, der Kindergarten schließt gleich. Marcel wird schon auf mich warten. Hoffentlich kann ich der Erzieherin aus dem Weg gehen. Diese endlosen Diskussionen. Meine Frau und ich wissen selbst nicht, was wir machen sollen.
Endlich, der Papa ist da und holt mich ab! Der Kindergarten ist total doof. Keiner spielt mit mir. Da geh ich morgen nicht mehr hin. Mich mag da eh keiner! Lieber will ich daheim bleiben.	Es muss dringend etwas passieren!	Was ist nur mit unserem Jungen los!

Hintergrundwissen

- Fragen Sie sich manchmal, ob Sie bei der Erziehung Ihres unruhigen Kindes vielleicht etwas falsch machen?
- Oder träumt Ihr Kind ständig vor sich hin? Ist es mit seinen Gedanken fast immer woanders?
- Kommen Sie deshalb zu spät zu Terminen und Verabredungen?
- Vermeiden Sie Veranstaltungen und Besuche, weil Sie fürchten, mit Ihrem ungestümen Kind unangenehm aufzufallen?
- Bekommen Sie häufig Beschwerden von Erzieherinnen oder anderen Eltern über Ihr »ungezogenes« oder verträumtes Kind?
- Geht es bei Ihnen zu Hause häufig laut und wild zu?
- Sind Sie oft völlig erschöpft und wissen nicht weiter?

Fragen Sie sich, ob Ihr Kind hyperaktiv ist?
Die Diagnose AD(H)S ist nicht einfach und kann nur von einem Experten durch eine ausführliche Untersuchung gestellt werden. AD(H)S ist derzeit in aller Munde. Es handelt sich jedoch um ein altbekanntes Leiden. Schon im bekannten Kinderbuch *Struwwelpeter* werden der verträumte *Hans-guck-in-die-Luft* und der unruhige *Zappelphilipp* beschrieben. Relativ neu ist nur der Fachbegriff AD(H)S. Auch weiß man über diese Störung immer mehr. Dies führt dazu, dass die Diagnose immer häufiger gestellt wird.

Was ist AD(H)S?

AD(H)S steht für Aufmerksamkeits-Defizit-(Hyperaktivitäts-)Syndrom oder Aufmerksamkeits-Defizit-(Hyperaktivitäts-)Störung. Die Hyperaktivität wird in Klammern gesetzt, weil die Aufmerksamkeitsstörung nicht immer mit unruhigem Verhalten auftritt. Unter Syndrom versteht man die Zusammenfassung einer Vielzahl von Symptomen zu einem Krankheitsbild. Dabei treten die Symptome in unterschiedlicher Zusammensetzung und Intensität auf.

AD(H)S-Symptome und Verhalten

Aufmerksamkeits- und Konzentrations- störungen	Ihr Kind spielt häufig Spiele nicht zu Ende. Bei längeren Spielen kann es sich nicht mehr konzentrieren. Ihr Kind träumt viel und schweift mit seinen Gedanken ab.
Unruhiges und impul- sives Verhalten	Es zappelt im Stuhlkreis. Ihr Kind handelt oft unüberlegt. Bei Kleinigkeiten kann es regelrecht »explodieren«.
Probleme der Wahr- nehmung, Körper- koordination und Feinmotorik	Kleine Unfälle gehören zum Alltag Ihres Kindes. Ihr Kind kann schlecht mit Stiften und Schere umgehen. Es malt nicht gerne.
Gedächtnisprobleme	Wenn Ihr Kind etwas holen soll, vergisst es seinen Auftrag unterwegs. Es wirkt schusselig.
Schwierigkeiten im Sozialverhalten	Ihr Kind hat Schwierigkeiten, Freunde zu finden. Es gerät oft in Konflikte mit anderen Kindern.

Neben diesen Problemen bringen AD(H)S-Kinder auch Begabungen mit, z.B. eine unermüdliche Leidenschaft für das Sammeln interessanter Objekte. Einige sprühen vor Ideen und zeigen eindrucksvolle Kreativität.

Schulprobleme bei AD(H)S

Oft tritt AD(H)S gemeinsam mit einer Teilleistungsstörung wie Legasthenie oder Rechenschwäche auf. Bei einigen Kindern ist die kognitive Begabung aber so hoch, dass sie ihre Aufmerksamkeitsdefizite ausgleichen können und mindestens durchschnittliche Ergebnisse in der Schule erzielen. Es gibt auch hochbegabte Kinder mit AD(H)S. Bei ihnen kann sich das hyperaktive Verhalten im Unterricht manchmal dadurch verstärken, dass sie gelangweilt und unterfordert sind.

Die problematische Diagnose

Es gibt für AD(H)S keinen eindeutigen organischen Befund. AD(H)S kann nur aufgrund von bestimmten Merkmalen beschrieben werden:

- Eine bestimmte Anzahl von Symptomen muss über einen gewissen Zeitraum deutlich beobachtbar sein.
- Das auffällige Verhalten muss sich in unterschiedlichen Situationen zeigen, z.B. im Kindergarten sowie zu Hause.
- Bereits im Kindergarten fällt das Kind in seinem Verhalten auf.

Nur wenn alle drei Bedingungen erfüllt sind, kann die Diagnose AD(H)S eindeutig gestellt werden.

Jedes AD(H)S-Kind ist jedoch anders. Der Übergang von normalem zu auffälligem Verhalten ist fließend. Das macht die Diagnose schwierig und zeitaufwendig. Es ist möglich, dass zwei Experten zu unterschiedlichen Ergebnissen kommen.

Es ist unserer Ansicht nach nicht ausschlaggebend, ob letztendlich die Diagnose AD(H)S gestellt wird, denn die Diagnose löst unterschiedliche Reaktionen bei den Betroffenen aus.

- Es mag Eltern geben, die es beruhigt, wenn die Probleme ihres Kindes einen Namen bekommen. Sie fühlen sich weniger allein, wenn sie wissen, da sind andere Familien mit ähnlichen Problemen. Eventuell schwinden auch Schuldgefühle. Denn nun ist sichergestellt, dass nicht primär Erziehungsfehler die Ursache für die Probleme des Kindes sind, sondern eine »Krankheit«, die AD(H)S heißt.

- Andere Eltern mögen von der Diagnose AD(H)S schockiert sein. Sie sind völlig verunsichert und bekommen Angst vor der Zukunft und vor den bevorstehenden Problemen.
- Wieder andere Eltern nehmen die Diagnose als Entschuldigung. Sie wissen jetzt, was ihr Kind hat, und erklären damit all seine Schwierigkeiten. Dies kann dazu führen, dass sie ihr Kind zu sehr in Schutz und dadurch zu wenig in Eigenverantwortung nehmen. In diesem Fall verhindert die Diagnose, dass ernsthaft an der Verbesserung der bestehenden Verhältnisse gearbeitet wird.

Untersuchungsmethode und Ergebnis

Auf keinen Fall sollten Sie auf eine umfangreiche Untersuchung verzichten. Nur eine fachärztliche Diagnostik gibt Ihnen die notwendigen, unverzichtbaren Hinweise auf die individuelle Problematik des Kindes. Je genauer das Kind beobachtet wurde, desto besser kann auf seine speziellen Schwierigkeiten eingegangen werden. Die Untersuchung sollte deshalb einen Intelligenztest, Konzentrationstests, Fragebögen, ausführliche Beobachtung des Kindes, Elterngespräche und Lehrerinnen- oder Erzieherinnengespräche umfassen. Auch wenn kein eindeutiger organischer Befund auf AD(H)S hinweist, sollte Ihr Kind ausführlich körperlich untersucht werden. Durch ein EEG können andere Ursachen, z. B. eine Epilepsie, ausgeschlossen werden.

Die richtigen Ansprechpartner für eine ausführliche Diagnostik sind Kinderärzte mit psychologischer Zusatzausbildung oder Kinder- und Jugendpsychiater. Wenn Ihr Kind bereits bei anderen Beratungsstellen vorgestellt wurde, z. B. beim Schulpsychologen, nehmen Sie die Unterlagen zum Erstgespräch beim Facharzt mit.

Geben Sie sich auf keinen Fall mit einer Kurzdiagnostik zufrieden, die lediglich darauf abzielt zu entscheiden: AD(H)S – ja oder nein?

Entscheidend ist, dass Sie möglichst detaillierte Auskunft über die individuellen Probleme Ihres Kindes erhalten. Außerdem brauchen Sie eine ausführliche Beratung zur Lösung Ihrer Probleme.

Häufigkeit und Ursachen von AD(H)S

Bei 3–6 % aller Kinder wird die Diagnose AD(H)S gestellt. In jeder Schulklasse sind also durchschnittlich zwei Kinder mit AD(H)S. Jungen sind dreimal so häufig betroffen wie Mädchen.

Nach dem jetzigen Wissensstand ist es so gut wie sicher, dass AD(H)S zu einem großen Teil vererbt wird. Die Kinder kommen jedoch nicht mit dem gesamten Spektrum an Symptomen auf die Welt. Es wird lediglich eine erhöhte Anfälligkeit vererbt. Ob sich die Aufmerksamkeitsdefizite letztendlich bemerkbar machen oder nicht, hängt von der Umwelt ab. Die Debatte »Vererbt oder anerzogen?« ist deshalb völlig veraltet. Das Zusammenspiel von Veranlagung und sozialer Umgebung bewirkt, dass ein Kind unter AD(H)S leidet.

Diese Faktoren können dazu führen, dass sich die vererbte Anfälligkeit bemerkbar macht:

- turbulente Familiensituationen
- Belastungen der Eltern durch Arbeitslosigkeit oder Krankheit
- Belastung des Kindes durch Krankheit (Allergien)
- Umzug in eine fremde Umgebung
- Schulen mit hoher Schülerzahl und großen Klassenstärken
- vermehrter Schulstress durch Leistungsdruck
- Reizüberflutung durch Fernsehen und Computer

Auch nicht vorbelastete Kinder reagieren auf schwierige Lebensumstände oft mit auffälligem Verhalten. Sie werden unruhig, nervös, zappelig oder verträumt. Kinder mit AD(H)S reagieren aber intensiver und brauchen länger, um wieder zur Ruhe zu finden. Neue Herausforderungen, z.B. ein Schulwechsel, können sie völlig aus der Bahn werfen.

Auch Eltern können AD(H)S haben

Nach der Vererbungsthese ist mit hoher Wahrscheinlichkeit auch ein Elternteil von AD(H)S betroffen. AD(H)S macht sich bei Erwachsenen weniger deutlich bemerkbar als bei Kindern, da die meisten im Laufe der Zeit gelernt haben, mit ihren Defiziten um-

Die Umwelt kann Gene aktivieren

Prof. Dr. Joachim Bauer beschreibt in seinem Buch *Das Gedächtnis des Körpers* den Zusammenhang zwischen Umwelt und Vererbung unter einem neuen Aspekt.

Die Umwelt beeinflusst die Gene und bestimmt in gewissem Umfang, welche der vorhandenen Genabschnitte aktiviert werden. Am Beispiel eines Konzertflügels lässt sich dieser komplizierte Zusammenhang leichter darstellen: Jedes Instrument hat eine festgelegte Anzahl an schwarzen und weißen Tasten, die in einer bestimmten Reihenfolge angebracht sind. Die Tasten entsprechen den Genen des Menschen. Je nachdem, welcher Pianist auf dem Konzertflügel spielt, wird der Zuhörer unterschiedliche Klänge zu hören bekommen. Der Pianist drückt (= aktiviert) unterschiedliche Tasten und erzeugt dadurch unterschiedliche Klangerlebnisse.

Ähnlich ist es bei den Genen. Die Gene des Menschen verändern sich nicht. Aber je nachdem, welchen Umwelteinflüssen der Mensch ausgesetzt ist, werden unterschiedliche Genabschnitte aktiv. Die Umwelt nimmt also Einfluss auf die Gene, indem sie sie an unterschiedlichen Stellen aktiviert.

Konkret scheint dies, übertragen auf AD(H)S, Folgendes zu bedeuten: Ein Kind kommt mit der genetischen Veranlagung AD(H)S auf die Welt. Ob und wie stark die Störung ausgebildet wird, hängt von der Umwelt ab. Eine strukturierte Umgebung wird die Genabschnitte mit der *Information AD(H)S* nicht so leicht aktivieren wie chaotische äußere Lebensbedingungen.

Das ist eine große Chance für alle, die mit AD(H)S-Kindern leben und arbeiten. Eltern, Lehrerinnen und Erzieherinnen können eine Umgebung schaffen, die diesen Kindern hilft, die richtigen »Tasten« auf ihrem genetischen Klavier zu spielen, andere hingegen »ruhig« zu halten.

zugehen. Es kann aber durchaus sein, dass auch Eltern noch bestimmte Persönlichkeitsmerkmale zeigen.

- Sie sind vielleicht besonders temperamentvoll und ausgelassen, aber auch hektisch und ungeduldig.
- Ihr Tag verläuft spontan, nicht immer nach einem festen Rhythmus.
- Es fällt ihnen schwer, Regeln konsequent durchzusetzen.
- Sie reagieren häufig impulsiv.

Diese Verhaltensweisen erschweren Kindern mit AD(H)S die Orientierung. Ihre Symptome verstärken sich. Überlegen Sie deshalb einmal in Ruhe:

- Hat in unserer Familie jemand eine ähnlich »unruhige« Kindheit erlebt? Kann derjenige darüber berichten? Kann er sich gut in die Situation unseres Kindes einfühlen? Kann er uns helfen, mehr Verständnis für unser Kind zu entwickeln?
- Ist vielleicht sogar einer von uns beiden (Vater oder Mutter) selbst betroffen? Wie war unsere Kindheit? Haben wir auch jetzt noch Persönlichkeitsmerkmale, die auf AD(H)S schließen lassen?
- Erkennt sich einer von uns in unserem Kind wieder? Kann er von seiner Kindheit erzählen und vermehrt Verständnis für das Kind zeigen?
- Geht es bei uns oft hektisch zu? Reagieren wir oft impulsiv? Fällt es uns schwer, geduldig zu sein?

Niemandem ist geholfen, wenn Sie Ihre Erziehungsmethoden nun allzu kritisch hinterfragen und sich womöglich Vorwürfe machen. Niemand erzieht absichtlich falsch! Niemand kann aus seiner Haut! Nehmen Sie Ihre Überlegungen zum Anlass, um kleine Änderungen vorzunehmen. In unserem Buch finden Sie viele Anregungen, die Ihnen und Ihrem Kind helfen können.

Was zu tun ist

Die folgenden Kapitel dieses Buches informieren Sie darüber, wie Ihr Kind besser und strukturierter zu Hause und in der Schule zu arbeiten lernt. Bei einigen Kindern ist AD(H)S jedoch so stark ausgeprägt, dass solche Unterstützungen allein nicht ausreichen. Der folgende Abschnitt behandelt die medikamentöse Therapie bei AD(H)S-Kindern und stellt psychologische Interventionsverfahren vor. Zum Schluss diskutieren wir noch grundlegende Erziehungsansätze als Basis für das weitere Vorgehen.

Manchmal sind Medikamente sinnvoll

Es gibt viele unterschiedliche Erscheinungsformen von AD(H)S. Zum Glück zeigt nicht jedes AD(H)S-Kind alle beschriebenen Auffälligkeiten beim Lernen und im Verhalten. Die Kinder unterscheiden sich auch deutlich hinsichtlich der Beeinträchtigung ihrer Aufmerksamkeit, Impulsivität und Wahrnehmungsverarbeitung. Manche AD(H)S-Kinder können ihre »Schwachstellen« durch eine besonders gute Begabung und effektive Lernstrategien so ausgleichen, dass sie ohne Medikamente auskommen. Viele kommen zurecht, wenn bestimmte Veränderungen im sozialen Umfeld vorgenommen oder bestimmte Behandlungsformen eingeleitet werden.

Auch hier muss bei jedem Kind individuell entschieden werden, welche Behandlungsform am besten hilft. Sind die Symptome besonders stark ausgeprägt, so dass es zu einem Scheitern in der Schule oder zu erheblichen familiären Problemen kommt, kann eine medikamentöse Behandlung angezeigt sein.

Manchen Kindern können Medikamente wie *Ritalin* und *Strattera* sehr helfen und viel Leidensdruck nehmen. Bei vielen Kindern ist eine sinnvolle Therapie erst dann möglich, wenn sie gleichzeitig medikamentös behandelt werden, da sie sich sonst nicht auf die Behandlung einlassen können.

Der Fall Marcel

Der Vater von Marcel (siehe Seiten 12 f.) berichtet:

»Nach der Einschulung nahmen Marcels Wutausbrüche immer mehr zu. Dann tobte und brüllte er, dass sein kleiner Körper vor Empörung zitterte. Wir kamen immer öfter an den Punkt, an dem wir keine Kraft mehr fanden. Doch die Hilfe, die uns der Kinderarzt als Erstes anbot, lehnten wir ab. Ritalin, Psychopharmaka, die so genannte ›Bravmach-Pille‹ – das kam für uns nicht in Frage. Wir wollten unser Kind nicht mit Medikamenten vollstopfen.

Deshalb lasen wir alles, was uns über AD(H)S in die Finger fiel. Es musste doch eine andere Lösung geben. Nach und nach verstanden wir die Bedeutung des Stoffwechsels für das Funktionieren des Gehirns und begriffen, welche Rolle Botenstoffe wie Dopamin und Noradrenalin spielten.

Wir erkannten, dass es Marcel manchmal einfach unmöglich war, sich selbst zu steuern. Das Wissen über die Ursachen war für uns eine Erlösung. Diese Erkenntnis befreite uns von der ewigen Frage, was wir falsch machten. Marcel dagegen half sie noch nicht besonders, denn wir überschütteten ihn mit Verständnis und Mitleid.

›Klick‹ machte es bei uns, als eine neue Schülerin in Marcels Klasse kam. Sarah litt unter Diabetes und spritzte sich im Unterricht selbst. Sie sprach in der Klasse selbstbewusst über ihre Krankheit und berichtete den anderen Kindern, wie ihr die Medikamente halfen. Zu Hause fragte Marcel uns, warum es kein Medikament für ihn gebe. Betroffen diskutierten meine Frau und ich den restlichen Tag über Marcels Frage. Am nächsten Tag vereinbarten wir einen Termin beim Kinder- und Jugendpsychiater – und kamen mit vielen Ratschlägen und einem Rezept für Marcel nach Hause. Exakt auf sein Alter, sein Körpergewicht und die Ausprägung seiner AD(H)S abgestimmt. Außerdem überwies uns der Arzt an eine Kinderpsychologin.«

Welches Präparat in welcher Dosierung einem Kind gegeben werden sollte, muss unbedingt ein AD(H)S-erfahrener und mit der medikamentösen Therapie vertrauter Kinderarzt bzw. Kinder- und Jugendpsychiater entscheiden.

Das spricht für Medikamente

Für Eltern ist es immer schwer, sich für die Gabe von Medikamenten zu entscheiden. Die Entscheidung ist sinnvoll, wenn

- das auffällige Verhalten sehr ausgeprägt ist,
- das Verhalten in vielen verschiedenen Situationen auftritt und
- sich die häusliche und schulische Situation so zuspitzt, dass das Kind sich nicht mehr altersgerecht entwickeln kann.

AD(H)S-Kinder werden derzeit am häufigsten mit Psychostimulanzien (das bekannteste ist *Methylphenidat*, der Wirkstoff in Arzneimitteln wie *Ritalin, Equasym* oder *Medikinet*) behandelt.

Psychostimulanzien unterliegen zwar dem Betäubungsmittelgesetz, wirken bei Kindern mit AD(H)S jedoch nicht berauschend und machen auch nicht süchtig. Auf Menschen, die nicht unter AD(H)S leiden, wirkt Methylphenidat aufputschend, anregend und schlafmindernd. Ein AD(H)S-Kind dagegen wird dadurch beruhigt!

Die Ursache liegt in der unterschiedlichen Funktion des Neurotransmittersystems im Gehirn. Stimulanzien verändern den Stoffwechsel der Neurotransmitter *Noradrenalin* und *Dopamin* und beeinflussen so die Informationsverarbeitung bei AD(H)S positiv.

Unter dem Einfluss des richtig dosierten Medikaments wird ein AD(H)S-Kind

- Reize aus der Umwelt gezielter und schneller wahrnehmen,
- besser über die Kapazität des Kurzzeitgedächtnisses verfügen,
- Wissen schneller und präziser abrufen,
- die Informationsverarbeitung verbessern,
- die motorische Unruhe reduzieren,
- die Aufmerksamkeitsleistung erhöhen.

Eltern und Lehrerinnen nehmen die positiven Effekte so wahr:

- Das Kind ist deutlich ruhiger.
- Es ist weniger ablenkbar und somit aufnahmebereiter.
- Es kann sich besser auf Unterricht und Umwelt einlassen.
- Es steuert sein Verhalten besser und reagiert weniger impulsiv.
- Es arbeitet strukturierter und konzentrierter mit.
- Sein Schriftbild verbessert sich meist deutlich.
- Die Anzahl seiner Flüchtigkeitsfehler geht zurück.

Die Wirkung von Methylphenidat tritt etwa eine halbe Stunde nach Einnahme der Tablette ein und hält etwa zwei bis vier Stunden an. Manchmal nimmt das AD(H)S-Kind deshalb noch in der Schule eine zweite Tablette. In jedem Fall muss die individuelle Dosierung mit dem behandelnden Arzt genau abgesprochen sein.

Es kann hilfreich sein, eng mit der Lehrkraft des Kindes zu kooperieren. Auf diese Weise erhalten Sie wertvolle Informationen über das Verhalten Ihres Kindes am Vormittag, die Ihnen bei der Einstellung der Medikamente hilfreich sein können.

Medikamente allein zu geben, ist in den meisten Fällen von AD(H)S nicht sinnvoll. Die Medikamente werden vielmehr als Basis für eine langfristige Veränderung betrachtet. Welche Therapien sich anschließen können, erfahren Sie auf den Seiten 27 – 29.

Neues Medikament

Inzwischen gibt es zur Behandlung von AD(H)S ein Medikament, welches vor allem in den Noradrenalin-Haushalt im Gehirn eingreift. Es ist keine Stimulanzie. Der Wirkstoff dieses Medikaments heißt *Atomoxetin*. Atomoxetin wirkt nicht sofort, sondern baut sich über vier bis fünf Wochen auf. Anschließend bleibt seine Wirkung sehr stabil. Die Langzeitwirkungen dieses Wirkstoffs sind noch nicht bekannt.

Im Kindergarten: Verdacht AD(H)S

Das spricht gegen Medikamente

Da kein AD(H)S-Kind dem anderen gleicht, sollten Sie den Arzt nicht sofort um ein Rezept bitten, sondern vorher klären, ob Ihr Kind nicht auch über andere Ressourcen verfügt. Manche AD(H)S-Kinder haben durchaus die Fähigkeit, sich selbst zu kontrollieren, setzen diese aber nicht mehr bewusst ein. Als Eltern können Sie in solchen Fällen beobachten, dass Ihr Kind mitunter sehr wohl in der Lage ist, allein zu spielen und sich längere Zeit mit einer Sache konzentriert zu beschäftigen. Hier könnten Sie zuerst alternative Verfahren – z.B. ein Selbstinstruktionstraining, siehe Seiten 110 ff. – ausprobieren und dadurch verschüttete Potenziale wieder freilegen.

Die Seiten 27–29 informieren Sie über die unterschiedlichen psychologischen Therapieformen.

Nebenwirkungen

Die negativen Nebenwirkungen einer Stimulanzientherapie sind bei AD(H)S-Kindern in vielen Studien untersucht worden. Dies ist besonders wichtig, weil die medikamentöse Therapie bei AD(H)S in der Regel eine Dauertherapie ist. Werden die Stimulanzien abgesetzt, erscheint nach kurzer Zeit wieder das ursprüngliche Störungsbild.

Die häufigsten Nebenwirkungen sind:
- Verminderung des Appetits
- Durchschlafstörungen
- Bauch- und Kopfschmerzen, die jedoch meist im Verlauf der Therapie verschwinden
- in etwa 1–2 % der Fälle motorische und vokale Ticstörungen; Tics, die bereits vor der Therapie auftreten, können sich verschlimmern

Als Eltern sollten Sie darauf achten, dass Ihr Kind über den Tag verteilt genug isst. Nimmt es die Medikamente nur in den Vormittags- und Mittagsstunden, sollte es abends eine größere Mahlzeit einnehmen, die die morgendliche Appetitlosigkeit ausgleicht. Das Kind sollte keine Mahlzeit ausfallen lassen, auch wenn es nur wenig isst und trinkt. Lassen Sie es nicht ohne Frühstück in die Schule gehen.

Wichtig ist zu wissen, dass AD(H)S-Kinder meist weniger Schlaf brauchen als ihre Altersgenossen. Bei manchen Kindern werden die Medikamente vom Kinderarzt bewusst auch am späten Nachmittag gegeben. Die Kinder werden dann ruhiger und können besser einschlafen. Wenn massive Einschlafschwierigkeiten auftreten, sollten Sie unbedingt mit Ihrem Arzt sprechen und herausfinden, ob es sich um eine Nebenwirkung der medikamentösen Therapie handelt oder ob es andere Ursachen dafür gibt.

Beruhigen können wir Sie in einem Punkt: Viele Eltern machen sich große Sorgen, dass die Stimulanzientherapie süchtig machen könne. Dies konnte jedoch noch in keiner wissenschaftlichen Studie nachgewiesen werden. Eine Suchtgefahr besteht offenbar nicht.

Ich kann das nur, weil ich die »Wunderpille« nehme!

Eine nicht zu vernachlässigende Gefahr birgt jedoch der Umgang mit den Medikamenten. Manche Kinder glauben, dass allein die Medikamente ihren plötzlichen Erfolg in der Schule bewirken. Sie erkennen nicht, dass Medikamente ihnen lediglich helfen, ihre verschütteten Fähigkeiten wieder freizulegen.

Nichts ist schädlicher, als gute Noten und sozial kompetentes Verhalten auf die Medikamente zurückzuführen. AD(H)S-Kinder müssen wissen, dass die Medikamente ihnen nur helfen, sich besser zu konzentrieren, das Wissen besser anzuwenden und das Verhalten sicherer zu kontrollieren. Alles andere bewirken die Kinder selbst.

Erklären Sie Ihrem Kind den Umgang mit Stimulanzien über das Brillenbeispiel. Eine Brille hilft nur, die Buchstaben deutlicher zu sehen. Lesen und schreiben muss ich selbst.

Das gleiche Prinzip gilt für die AD(H)S-Medikamente. Sie helfen mir, mich besser zu konzentrieren und ruhiger zu werden. Den Unterrichtsstoff muss ich schon selbst lernen und die guten Noten selbst schreiben.

Medikamentengabe bei AD(H)S

- Grundsätzlich gilt: Nicht alle Kinder mit AD(H)S brauchen eine medikamentöse Therapie.
- Medikamente sind dann anzuraten, wenn andere Therapieformen aufgrund der ausgeprägten AD(H)S-Symptome nicht ausreichen.
- Medikamente können in manchen Fällen Therapie und Verhaltensänderungen überhaupt erst ermöglichen.
- Ein Arzt mit viel Erfahrung im Umgang mit AD(H)S muss die Dosierung individuell auf das Kind einstellen.
- Die Medikamente haben Nebenwirkungen, die mit dem behandelnden Arzt abgesprochen werden müssen. Eine Suchtgefahr besteht nach derzeitigen wissenschaftlichen Erkenntnissen nicht.
- Die Behandlung sollte psychotherapeutisch begleitet werden.

Psychotherapeutische und andere Möglichkeiten

Gegner der medikamentösen Therapie betonen häufig, dass Stimulanzien keine langfristigen Änderungen bewirken. Setzen Sie das Medikament ab, zeigen sich wieder die unerwünschten Verhaltensweisen.

Daher ist es so wichtig, dass die Kinder begleitende Therapien erhalten. Auch hier muss bei jedem Kind individuell entschieden werden, welche Behandlungsform sich am besten eignet. Manchen AD(H)S-Kindern helfen die psychologischen Therapien so gut, dass auf eine medikamentöse Behandlung völlig verzichtet werden kann.

Für AD(H)S-Kinder eignen sich:
- Spieltrainings, die dem Kind helfen, länger und intensiver zu spielen.
- Selbstinstruktionstrainings, mit denen das Kind erfährt, dass es strukturierter und intensiver arbeitet und lernt.

- Selbstmanagementverfahren, die sich vor allem an ältere Kinder und Jugendliche wenden. Hier lernen die Kinder, ihr Verhalten selbstständig zu kontrollieren und zu ändern.
- Soziale Kompetenztrainings, die den Kindern den Umgang mit Spielkameraden erleichtern.
- Nondirektive Spieltherapien, durch die das Kind Selbstwertgefühl aufbauen und emotionale Belastung besser ausgleichen kann.

Eltern- und familienzentrierte Therapieansätze

Hier steht die Arbeit mit den Eltern im Mittelpunkt. Ihnen werden effektive Erziehungsmethoden im Umgang mit ihrem AD(H)S-Kind vermittelt. In therapeutischen Gesprächen besprechen die Eltern Eigenschaften und Besonderheiten des Kindes, erfahren etwas über ungünstige Zusammenhänge in der Erziehung und bekommen Hilfen für den weiteren Umgang. Im Wesentlichen geht es darum, wieder eine positive Beziehung zu dem Kind aufzubauen. Dabei lernen die Eltern die Anwendung positiver Verstärkung, um Verhaltensschwierigkeiten zu vermindern, und werden im Umgang mit natürlichen Konsequenzen trainiert.

Ein Familientherapeut stellt die Zusammensetzung der Familie in den Mittelpunkt. Er geht auf Geschwisterkonstellationen ein und betrachtet das AD(H)S-Kind im Netz der Familie. In der Regel richten sich seine Maßnahmen an alle.

Besonders effektiv sind Verhaltensänderungen, wenn Regeln zu Hause sowie in der Schule angewendet werden. Das Kind sollte wissen, dass Eltern und Lehrkraft am gleichen Strang ziehen und einander Rückmeldung über den Vor- bzw. Nachmittag geben.

Zusätzliche Fördermöglichkeiten

Viele AD(H)S-Kinder malen und zeichnen nicht gern. Sie haben schon früh erfahren, dass sie im Umgang mit Stift und Pinsel nicht so geschickt sind wie andere Kinder. Deshalb vermeiden sie alles, was mit feinmotorischer Übung zu tun hat, und bleiben im Vergleich zu ihren Altersgenossen immer weiter in der Entwicklung zurück.

Ein AD(H)S-Kind braucht jedoch mindestens so viel Übung wie andere Kinder, um sich an Dinge heranzuwagen, die es sich nicht zutraut oder die es nicht gerne tut, weil es mit Misserfolg rechnet. Eltern, Erzieherinnen und Lehrerinnen können viel bewirken. Manchmal sind die Defizite aber schon so groß, dass nur eine ausgebildete Fachkraft abhelfen kann.

Ergotherapie Die Ergotherapie hilft den Kindern, ihre Wahrnehmung zu verbessern. Körperwahrnehmung sowie visuelle und akustische Wahrnehmung werden trainiert. Durch Ergotherapie können Kinder Entwicklungsrückstände in der Fein- und Grobmotorik aufholen.

- Sie halten den Stift korrekt und verbessern ihr Schriftbild.
- Sie lernen, gezielt zu werfen, zu springen, zu balancieren etc.
- Sie lernen, zu schneiden, zu basteln und zu kleben.
- Sie lernen, Formen zu unterscheiden und nachzubauen.
- Sie lernen, zu zeichnen und zu malen und vieles mehr.

Legasthenietherapie, Dyskalkulietherapie und Lerntrainings Manchmal sind die schulischen Schwierigkeiten so groß, dass ein Kind Leistungslücken nicht mehr ohne Hilfe von außen schließen kann. In manchen Fällen folgt der AD(H)S eine weitere so genannte »Sekundärstörung«.

Viele AD(H)S-Kinder haben Schwierigkeiten beim Lesen und Rechtschreiben, liegen daher mit ihren Schulnoten unter dem Klassendurchschnitt und wiederholen auch häufiger eine Klasse. Misserfolge und vermindertes Selbstwertgefühl bewirken oft einen weiteren Leistungsabfall.

Legasthenietherapeuten bieten Rechtschreibtrainings an. Sie arbeiten mit den Kindern im Bereich der Lautanalyse und akustischen Wahrnehmungsdifferenzierung.

Dyskalkulietherapie betreut aktuelle schulische Schwierigkeiten in Mathematik und arbeitet an grundsätzlichen Voraussetzungen des Rechnens wie Zahlbegriff und Mengenerfassung.

Die große Frage nach der richtigen Erziehung

In unserer Gesellschaft gibt es heute keine einheitlichen, allgemeingültigen Erziehungsvorstellungen für Eltern mehr. Früher war das anders. Die Generation unserer Großeltern und teilweise auch noch unserer Eltern erzog noch nach dem Prinzip: In unserer Familie machen wir das, was »man« macht. Das, was »man« nicht tut, machen auch wir nicht. Es gab eine gesellschaftliche Einigkeit über das, was richtig, und das, was falsch ist. Auch prägten religiöse Wertvorstellungen die Menschen damals stärker als heute.

Die heutige Gesellschaft kennt all das nicht mehr. Wir leben in einer Konsumgesellschaft, in der sich vor allem junge Menschen häufig über ihren »Marktwert« definieren. Bereits Grundschulkinder stehen unter massivem Leistungsdruck und vergleichen sich sehr kritisch mit ihren Klassenkameraden. Häufig kaufen Eltern alles: Laptop, Computerspiele, eigenen Fernseher … Den Kindern soll es ja an nichts fehlen. Die Schwierigkeiten kommen dann im Umgang mit diesen Dingen. Auch hier fehlen allgemeingültige Kriterien. Wie lange darf ein Grundschulkind fernsehen? Wie lange dann noch am Computer spielen, und soll der Fernseher in seinem Zimmer stehen?

Vielleicht fragen Sie sich, warum wir dies in einem AD(H)S-Ratgeber schreiben. Der Grund dafür ist, dass AD(H)S-Kinder nicht mit anderen Kindern zu vergleichen sind. Ihre Erziehung erfordert von den Eltern besonders viel Stärke, Motivation, Liebe, Verständnis und Mitgefühl. Sie brauchen deutlich mehr Unterstützung und besonders klare Werte und Grenzen.

In einer Gesellschaft, in der eher Erziehungsverwirrung herrscht, stehen Eltern von AD(H)S-Kindern vor der besonders schweren Aufgabe, in ihrem Erziehungsverhalten so klar wie möglich zu sein und sich nicht verwirren zu lassen. Wenn Sie sich als Eltern darüber einig sind, welche Werte und Regeln Sie innerhalb Ihrer Familie haben wollen, dann schaffen Sie ein Klima, in dem sich Ihr Kind gut entwickeln kann.

Streitthema Fernsehen

Es lässt sich darüber streiten, wie lange ein Kind jeden Tag fernsehen darf. Eltern können bestimmen, dass eine halbe Stunde pro Tag genug ist. Wenn das Kind protestiert, weil Freunde täglich eineinhalb Stunden schauen dürfen, können Sie antworten: »*Stimmt, bei uns ist das aber anders! Wir möchten nicht, dass du länger als eine halbe Stunde am Tag schaust!*«

AD(H)S-Kinder brauchen, um sich entwickeln zu können, in vielen Bereichen andere Regeln als Kinder ohne AD(H)S.

Das kann den Umgang mit Medien betreffen, weil zu viel Fernsehen und Computerspielen ihnen noch deutlicher schadet als anderen Kindern. Das können aber auch spezielle Hausaufgabenregeln oder Tischregeln sein, die Eskalationen vermeiden helfen.

Wenn Sie Regeln ändern wollen, sollten Sie dies mit Ihrem Kind frühzeitig besprechen. Häufig kommen AD(H)S-Kinder mit plötzlichen Änderungen nicht gut zurecht und brauchen besonders klare Strukturen und feste Rituale.

Wir möchten Sie ermutigen, sich herauszupicken, was sich für Ihre Familie eignet, und kritisch zu überprüfen, ob aufgestellte Regeln sinnvoll sind.

Das hat sich in der Erziehung bewährt

Jedes Kind ist anders. Das gilt in besonderem Maß für Kinder mit AD(H)S. Wie Sie bereits erfahren haben, brauchen AD(H)S-Kinder zum Teil andere Regeln und Strukturen als ihre Spielkameraden.

Sie müssen außerdem für Erfolgserlebnisse länger und ausdauernder üben als Kinder ohne AD(H)S mit der gleichen Grundbegabung und Intelligenz. Sie können jedoch mit der richtigen Unterstützung viel erreichen.

Wenn wir in Familien schauen, in denen sich alle Mitglieder sehr wohl und geborgen fühlen, dann finden sich hier häufig die folgenden vier Grundsäulen im Umgang miteinander wieder.

Eigenverantwortung Kinder können schon sehr früh in bestimmten Bereichen Verantwortung übernehmen. Sie können z. B. von Geburt an selbst entscheiden, wie viel Appetit sie haben. Eltern sollten lediglich festlegen, wann und was ihre Kinder essen – die Menge bestimmt das Kind. Das ist für Eltern nicht immer einfach.

Wir möchten Sie ermutigen, Ihrem Kind Schritt für Schritt Verantwortung zu übertragen. Kinder können durchaus kleine Aufgaben im Haushalt selbstständig übernehmen, ihr Zimmer aufräumen, ihre Hausaufgaben eigenverantwortlich erledigen …

Manchmal schleicht sich bei Eltern das Gefühl ein: »*Wenn mein Kind selbst entscheidet, dann verliere ich die Kontrolle.*« Vertrauen Sie Ihrem Kind, es kann schon in vielen Punkten richtig entscheiden.

Authentizität Eltern sind wichtige Modelle für ihr Kind. Kinder orientieren sich in ihrem Verhalten an ihnen. Gerade AD(H)S-Kinder, die Gefühle von anderen oft nicht richtig einordnen können, brauchen Eltern, die ehrlich zu ihren Gefühlen stehen und diese klar äußern können. Wir fallen allzu oft in eine Art Rollenspiel, ohne es zu merken. Manchmal bestimmen Vorstellungen, wie wir zu sein haben, unser Verhalten. Unsere Gefühle darunter passen dann unter Umständen nicht mehr dazu und brodeln im Verborgenen.

Stellen Sie sich eine lächelnde Mutter vor, die vor Wut kocht, weil sie schon fünfmal gerufen hat. Trotzdem wiederholt sie in süßem Tonfall: »*Schätzchen, komm bitte sofort her!*« Sie ist für ihr Kind sehr schwer einschätzbar. Ehrlicher und für beide einfacher wäre es zu sagen: »*Ich will, dass du jetzt sofort herkommst!*« Das ist eine ehrliche Aussage, nach der das Kind sich richten kann.

Wichtig ist, dass Eltern ihre Gefühle äußern. Sonst laufen sie Gefahr, irgendwann völlig überzureagieren. Sie geben dann ihrem Kind die Schuld. Das ist sehr verletzend. Nein zu sagen und die eigenen Gefühle dabei zu nennen enttäuscht ein Kind zwar und macht es manchmal wütend. Das Kind wird dabei aber nicht als Person in Frage gestellt. Hinweise für ein gelungenes Gespräch mit Ihrem Kind finden Sie auf den Seiten 56 ff., 69 f. und 98 – 101.

Wertschätzung Kinder müssen wissen, dass sie so, wie sie sind, geliebt werden. Ohne Wenn und Aber. Das heißt nicht, dass Eltern jedes Verhalten ihres Kindes akzeptieren müssen. Ganz im Gegenteil.

Kinder müssen erfahren, dass die elterliche Liebe zu ihnen nicht in Frage gestellt wird; auch wenn sie etwas gemacht haben, was die Eltern nicht akzeptieren und wofür sie unter Umständen sehr geschimpft wurden. AD(H)S-Kinder leiden manchmal schwer unter dem Gefühl, weniger wert zu sein als andere, und trauen sich vieles nicht mehr zu. Deshalb brauchen sie Eltern, die hinter ihnen stehen, ihnen den Rücken stärken und das Gefühl vermitteln, wertvoll und wichtig zu sein.

Verlässlichkeit Sie ist eine tragende Säule in allen gut funktionierenden Familien.

Kinder müssen wissen,

- dass sie sich auf ihre Eltern verlassen können,
- dass Abmachungen und Versprechen eingehalten werden,
- dass Eltern zu ihrem Wort stehen.

Umgekehrt müssen Eltern sich auf ihre Kinder verlassen können und wissen, dass auch sie Vereinbarungen einhalten werden. Am besten lernen Kinder das durch das Verhalten der Erwachsenen.

Ich nehme mir Zeit für mein Kind: Gemeinsam die Sinne schärfen

Übungen für das genaue Hinhören

Detektivhören Erzählen Sie Ihrem Kind eine beliebige Geschichte. Bevor Sie anfangen, vereinbaren Sie ein Wort mit Ihrem Kind, z.B.

»Vogelfeder«. Sobald Ihr Kind in der Geschichte dieses Wort hört, soll es ein Zeichen geben, etwa die Hand heben oder einmal klatschen. Dieses Spiel schult das genaue Hinhören und übt gleichzeitig die Konzentration.

Versprechergeschichten Auch bei diesem Spiel wird eine Geschichte erzählt, in der absichtlich »falsche« Wörter eingebaut werden, z.B. *»Es ist ein kalter Hintermorgen.«* Ihr Kind entdeckt diese »Versprecher« nur, wenn es konzentriert zuhört.

Übungen für das genaue Hinsehen

Perlen auffädeln Fast in jedem Kinderzimmer lassen sich bunte Perlen finden. Fädeln Sie Ihrem Kind eine Perlenkette auf. Nun hat Ihr Kind die Aufgabe, das gleiche Muster »nachzufädeln«. Hier sind genaues Hinsehen und Konzentration gefragt.

»Ich sehe was, was du nicht siehst!« Dieses Spiel kann überall gespielt werden. Suchen Sie sich in der Umgebung einen Gegenstand und benennen Sie die Farbe: *»Ich sehe was, was du nicht siehst, und es ist rot.«* Ihr Kind sucht mit den Augen die Umgebung nach roten Gegenständen ab und versucht zu erraten, was Sie gemeint haben. Hat es die Lösung gefunden, darf es selbst den nächsten Gegenstand auswählen.

Übungen für die Motorik

Hüpfen auf dem Minitrampolin Das ist für jedes Kind mit AD(H)S reine Entspannung. Lassen Sie Ihr Kind regelmäßig auf einem Minitrampolin hüpfen. Das macht Spaß und gleicht den erhöhten Bewegungsdrang von Kindern mit AD(H)S aus.

Pinzetten Diese Übungen helfen Ihrem Kind, spielerisch die Feinmotorik zu trainieren. Legen Sie in ein flaches Gefäß (Teller, Tablett …) Erbsen, Linsen oder kleine Perlen. Ihr Kind hat die Aufgabe, mit der Pinzette die Erbsen, Linsen oder Perlen von einem

Extratipp: Sind Ohren und Augen fit?

Auch Mittelohrentzündungen und Polypen können zu Zappeligkeit und innerer Unruhe bis hin zur Hyperaktivität führen. Leidet Ihr Kind darunter, so lassen Sie auf jeden Fall seine Hörleistung untersuchen! Beachten Sie dabei Folgendes:

- Jeder Hörtest ist nur eine Momentaufnahme und evtl. von der Tagesform abhängig. Lassen Sie deshalb ggf. mindestens zwei bis drei Untersuchungen innerhalb eines Jahres durchführen!
- Um die meist nur geringgradigen Hörbeinträchtigungen zu erfassen, sollten Sie einen HNO-Arzt aufsuchen.
- Vor allem wenn Ihr Kind auch sprachliche Auffälligkeiten zeigt, sollten Sie es unbedingt auch einem Pädoaudiologen vorstellen. Er untersucht nicht nur, ob physikalische Reize wahrgenommen werden, sondern auch, ob Ihr Kind die einzelnen Reize bzw. Laute auch im Gehirn entsprechend unterscheiden kann.

Lassen Sie auch die Augen Ihres Kindes regelmäßig untersuchen! Auch hier gibt es ebenfalls Optometristen mit spezieller Zusatzausbildung, die nicht allein die physikalische Wahrnehmungsleistung, sondern auch deren Verarbeitung im Gehirn überprüfen. Bei Auffälligkeiten wird von »Winkelfehlsichtigkeit« gesprochen.

In den USA ist diese Diagnose anerkannt. Bei uns gilt die Wirkung einer deshalb verordneten Brille nicht als erwiesen. Deshalb werden die Kosten für die spezielle Untersuchung und die Brille bei »Winkelfehlsichtigkeit« nicht immer von der Kasse übernommen.

Gefäß in das andere zu legen. Daraus lässt sich auch ein kleiner Wettbewerb machen. Stoppen Sie mit der Uhr, wer es schneller schafft, Sie oder Ihr Kind. Sicher fallen Ihnen andere Aufgaben dieser Art ein: Teelöffel aneinanderlegen, Papierservietten falten, die Nähfäden des abgerissenen Knopfs herauszupfen …

Das erste Schuljahr:
Lernprobleme verhindern

Die Schule, der Ernst des Lebens? Fast kommt es Ihnen so vor! Warum macht Ihr Kind im Unterricht nicht konzentriert mit? Wieso fällt ihm nicht ein, was es doch so genau weiß? Niemand kann ihm besser als Sie dazu verhelfen, dass es Strukturen ausbildet und seine Hausaufgaben selbstständig und zügig erledigt.

Das ist heute passiert

Perspektive des Kindes	Perspektive der Lehrerin	Perspektive der Eltern
Heute ist ein bescheuerter Tag. In der Mathestunde hat mich mein Nachbar, Maxi, so blöd angeguckt. Der hat mich voll genervt. Andere mit Stiften zu piksen macht Spaß. Der regt sich dann immer so schön auf!	Das halte ich nicht mehr aus! Seit 15 Minuten arbeiten alle Schüler still im Arbeitsheft. Kevin hat seines noch nicht mal gesucht! Jetzt reicht's. Nun ärgert er auch noch seinen Nachbarn. Er sitzt schon ganz vorne neben dem Allerbravsten der Klasse! Was soll ich denn noch machen?	Heute ist er wieder unausstehlich, kommt aus der Schule, ohne einen Ton zu sagen, und knallt mir das Hausaufgabenheft auf den Küchentisch. Was ist wohl heute schon wieder passiert? Das kann ein toller Nachmittag werden. Eigentlich wollten wir ins Hallenbad. Das können wir wohl vergessen.
Jetzt schimpft sie schon wieder. Ich hab gar nichts Schlimmes gemacht.	Der braucht unbedingt Konsequenzen.	Schon wieder lauter Beschwerden. Aber wir tun doch schon, was wir können.
Ich hab gar nichts von einem Arbeitsheft gehört. Wo ist das eigentlich? Und welches Fach war das noch mal?	Damit ihm nichts fehlt und er endlich merkt, dass er in der Schule arbeiten muss, lasse ich ihn das jetzt alles zu Hause zusätzlich machen.	Um Gottes willen, so viele Hausaufgaben! Stundenlange Kämpfe stehen mir bevor!
Oh, es schneit wieder! Da renn ich mal zum Fenster!	Es ist hoffnungslos!	Ich kann nicht mehr!

Hintergrundwissen

Kevin kann sich nicht auf den Unterricht konzentrieren. Maxi dagegen arbeitet konzentriert und fühlt sich durch Kevin gestört. Wie sind diese Unterschiede bei etwa gleichaltrigen Kindern erklärbar?

Der »Hürdenlauf der Informationen«

Unser Gedächtnis gleicht einer Datenautobahn, die sich in ihrem Verlauf verschmälert. Am Start der Datenautobahn befinden sich sehr viele Informationen. Nur wenige schaffen es, über die erste Hürde auf den zweiten Abschnitt zu gelangen. Dort wird noch einmal »ausgesiebt«. Denn auch an der zweiten Hürde bleiben Daten hängen. Nur ein winziger Bruchteil von ihnen schafft es, beide Hürden zu nehmen und das Ziel zu erreichen. Der Rest der Informationen geht aus unterschiedlichen Gründen auf der Strecke verloren.

Schauen wir uns genauer an, wie das Gehirn Informationen aufnimmt, verarbeitet und langfristig speichert.

Der Mensch nimmt in jeder Sekunde etwa 10 Millionen Informationseinheiten über die unterschiedlichen Sinnesorgane (Augen, Ohren, Haut, Nase) auf. Sie landen im *Ultrakurzzeitgedächtnis, auch Wahrnehmungsspeicher* genannt.

Die allermeisten dieser Informationseinheiten werden genauso schnell wieder gelöscht, wie sie aufgenommen wurden. Sie hinterlassen keinerlei Spuren in unserem Gehirn. Aus der Vielzahl von äußeren Reizen (Vogelgezwitscher, Erklärungen der Lehrerin, Berührungen, Störungen durch den Nachbarn ...) filtern die Empfänger die Informationen heraus, die ihnen im Moment wichtig scheinen. Welche Informationen das sind, hängt vom einzelnen Menschen ab. Die Auswahl fällt demnach für jeden von uns unterschiedlich aus.

In einem blitzschnellen, unbewussten Entscheidungsprozess wird eine Informationseinheit als wichtig eingeschätzt. Die erste Hürde ist damit genommen.

Wahrnehmungs-speicher oder Ultrakurzzeit-gedächtnis	H ü r d e 1	Arbeitsspeicher oder Kurzzeit-gedächtnis	H ü r d e 2	Langzeitgedächtnis

Die ausgewählte Information landet im *Kurzzeitgedächtnis*, auch *Arbeitsspeicher* genannt. Von dort kann sie auf zwei unterschiedliche Arten ins *Langzeitgedächtnis* wandern.

Der leichte Weg ins Langzeitgedächtnis

Interesse, Motivation und intensive Gefühle transportieren Informationen wie von selbst ins Langzeitgedächtnis. Interessiert uns die ankommende Information besonders oder ruft sie intensive Gefühle hervor, nimmt sie scheinbar spielerisch die nächste Hürde und wandert vom Kurzzeitgedächtnis in das Langzeitgedächtnis.

Das Langzeitgedächtnis können wir uns vorstellen wie ein Zimmer mit vielen Regalen. Kommt eine Information in diesem Zimmer an, wird sie systematisch in eines der vielen Regalfächer eingeordnet. Meist findet sie dort ihren Platz, wo schon ähnliche oder passende Informationen liegen. Brauchen wir die Information wieder, »greifen« wir an die entsprechende Stelle im »Regal des Wissens«.

Jeder von Ihnen hat schon einmal über sein Kind gestaunt, was es sich alles merken kann. Es gibt Kinder, die alle Tore der Fußballnationalmannschaft aus den letzten fünf Jahren nennen können. Manche erinnern sich mit Perfektion an kleinste Ereignisse aus dem Urlaub.

Menschen merken sich bestimmte Informationen, weil sie durch Interesse und/oder intensive Gefühle ohne große Anstrengung ins Langzeitgedächtnis transportiert worden sind.

Der mühsame Weg ins Langzeitgedächtnis

Doch leider gelangen nur wenige Informationen auf diese Weise über die zwei Hürden ins Langzeitgedächtnis. Langfristiges Behalten von Informationen ist meist mühsamer und zeitaufwendiger und bedeutet: Üben, üben, üben! Dies ist bei Unterrichtsstoff in der Regel auch der Fall.

Ist die Information im Kurzzeitgedächtnis angekommen, muss sie regelmäßig wiederholt werden. Wer von uns kann sich nicht an die Wiederholungen von Vokabeln in seiner Schulzeit erinnern? Hatten wir sie nicht regelmäßig wiederholt, waren sie wieder vergessen. Erst nach einer ausreichenden Wiederholungsphase gelangt das Gelernte ins Langzeitgedächtnis. Dort hinterlässt es Spuren in unserem Gedächtnis, kann zu einem späteren Zeitpunkt abgerufen und mit neuen Informationen verknüpft werden. Damit auf die Information dauerhaft zugegriffen werden kann, muss sie auch dann in regelmäßigen Abständen wiederholt werden, wenn sie bereits im Langzeitgedächtnis angekommen ist. Wiederholung ist in allen Phasen des Abspeicherprozesses notwendig, sonst droht Vergessen!

Wiederholen wir Gelerntes regelmäßig, können wir jederzeit an die entsprechende Stelle im »Regal des Wissens« greifen und die Informationen »hervorholen«. Nur das, was regelmäßig wiederholt wird, ist sicher dort eingeordnet.

Informationen speichern: zwei Möglichkeiten

- Das Langzeitgedächtnis speichert Informationen, wenn wir an ihnen besonders interessiert sind oder intensive Gefühle damit verbinden.
- Es speichert außerdem die Informationen dauerhaft, die wir regelmäßig wiederholen.

Wiederholung ist das A und O

Wie Sie gerade erfahren haben, ist die Wiederholung von Gelerntem wichtig und notwendig. Was regelmäßig wiederholt wird und sicher in unserem »Regal des Wissens« eingeordnet ist, kann jederzeit herausgeholt und verwendet werden. Wir wissen es und können es wiedergeben.

Lernstoff zu wiederholen hilft, Lerninhalte dauerhaft abzuspeichern. Aber nicht nur das!

»Wenn du es erst einmal kannst, ist es ganz leicht«

Kommen Ihnen diese Worte bekannt vor? Haben Sie Ihr Kind damit vielleicht auch schon einmal über eine Durststrecke beim Wiederholen von Lernstoff hinweggetröstet?

Aber warum fällt uns das leichter, was wir häufig geübt haben? Was »macht« die Wiederholung in unserem Gehirn?

Versuchen wir die Frage am Beispiel des Leselernprozesses zu beantworten.

Eine große Herausforderung in der ersten Klasse ist das Lesenlernen. Mühsam lesen die meisten Kinder in den ersten Schulwochen einfache Silben zusammen. Später folgen einzelne Wörter und kurze Sätze.

Fragen Sie das Kind in diesem Stadium nach dem Inhalt des gerade erst Gelesenen, werden Sie wahrscheinlich auf fragende Blicke und Kopfschütteln treffen. Die Kinder sind mit der Lesetechnik so beschäftigt, dass in ihrem Kurzzeitgedächtnis/Arbeitsspeicher kein Platz bleibt, um sich auch noch auf den Inhalt des Gelesenen zu konzentrieren. Die Lesetechnik »frisst« so viel Konzentration und Anstrengung, dass keine Energie für andere geistige Leistungen übrig bleibt.

Wenn das Kind regelmäßig liest, automatisiert sich die Lesetechnik mit der Zeit. Wir merken das daran, dass das Kind flüssiger liest und auch längere Wörter schließlich bewältigt. In diesem Stadium denkt der nun geübte Leser nicht mehr ständig aktiv darüber nach, wie der nächste Buchstabe heißt.

Auch muss sich der Erstleser nun nicht mehr darauf konzentrieren, die Buchstaben zusammen zu lesen. Beides ist so oft und so intensiv geübt, dass es automatisch abläuft.

Übersetzt in die Sprache des Gehirns bedeutet dies: Alle Informationen, die zur Lesetechnik gehören, sind durch viel Üben dauerhaft im Langzeitgedächtnis gelagert. Dort haben sie Spuren hinterlassen. Wenn das Kind weiter regelmäßig liest, bleiben die Spuren im Gehirn stark ausgeprägt. Andernfalls werden sie schwächer und verschwinden teilweise wieder, vielleicht würde das Kind das Lesen wieder verlernen.

Nun aber ist die Lesetechnik im Langzeitgedächtnis des Kindes fest eingeordnet. Sie wurde durch regelmäßiges und intensives Üben automatisiert. Wer das Lesen kann, muss sich beim Lesen nicht mehr so stark konzentrieren wie ein ungeübter Anfänger-Leser. Das liegt daran, dass automatisierte Prozesse im Gehirn deutlich weniger Konzentration erfordern.

Fragen Sie Kinder, die die Lesetechnik sicher beherrschen, nach dem Inhalt des Gelesenen, werden Sie bald eine Antwort erhalten. Vielleicht überrascht Ihr Kind Sie plötzlich durch Erinnerungen an Details, auf die Sie gar nicht geachtet haben, und zeigt Ihnen die Stelle im Buch. Damit beweist es Ihnen: Es hat ausreichend Kapazität in seinem Kurzzeitgedächtnis/Arbeitsspeicher, um auch auf den Inhalt des Gelesenen zu achten.

Warum Übung den Meister macht

- Neue Aufgaben brauchen am Anfang sehr viel Konzentration und Platz im Arbeitsspeicher.
- Häufiges, intensives Üben hilft, das Gelernte zu automatisieren.
- Der Lernende muss sich bei geübten Aufgaben immer weniger konzentrieren.
- Nun hat er in seinem Gehirn wieder Platz für neue Aufgaben.

Der Abspeicherprozess bei AD(H)S-Kindern

Maxi und Kevin stehen beide vor demselben Arbeitsauftrag. Sie sollen ihr Mathematikarbeitsheft herausnehmen und die angegebenen Aufgaben rechnen. Warum kann Maxi diese Aufgabe erledigen und Kevin scheitert daran?

Durch seine Beeinträchtigung der Aufmerksamkeit hat Kevin schon viele ähnliche Situationen in der Schule und auch zu Hause erleben müssen. Es wird von ihm etwas gefordert, was er nicht leisten kann. Anschließend erntet er negative Reaktionen. Kein Wunder, dass er allmählich beginnt, zum Lernen eine negative Einstellung zu entwickeln.

Aus der Gehirnforschung wissen wir, dass Gefühle beim Lernen eine wesentliche Rolle spielen. Menschen, die positive Lernerfahrungen machen, lernen leichter und besser als solche, die bisher erfahren haben: »Lernen ist mühsam und gelingt mir meist nicht!«

Für Kevin ergeben sich damit gleich zwei Stolpersteine:
- Er leidet unter der für AD(H)S-Kinder typischen Aufmerksamkeitsbeeinträchtigung.
- Er entwickelt bereits eine negative Einstellung zum Lernen.

Beides macht es ihm deutlich schwerer, Informationen aufzunehmen. Auch bei Kevin treffen in jeder Sekunde unzählige Informationen über die Sinneskanäle auf die Wahrnehmungsspeicher. Seine Sinnesorgane nehmen jedoch alles ungefiltert auf. Die Gehirnforscher sprechen davon, dass die selektive Aufmerksamkeit beeinträchtigt ist. Der Schnee vor dem Klassenzimmer ist für ihn genauso wichtig wie die Erklärung der Lehrerin. Dies führt zu einer Art »Verstopfung« an der Hürde zum Kurzzeitgedächtnis.

Fatal ist, dass diese vielen Informationen von Kevin alle als gleich wichtig bewertet werden. Er kann sich nicht auf das Wesentliche konzentrieren und verschwendet einen hohen Anteil seiner knappen Aufmerksamkeit.

Übung: »Rot, grün, wer?« Probieren Sie selbst aus, wie schwer es für Kinder wie Kevin ist, wichtige von unwichtigen Informationen zu unterscheiden! Die folgende Übung wird Ihnen dabei helfen!*

Schreiben Sie auf DIN-A4-Blätter die Wörter »*Rot*«, »*Grün*«, »*Blau*«, »*Gelb*« in unterschiedlicher Reihenfolge über mindestens vier Zeilen, und zwar so groß, dass mindestens die Hälfte der Blätter gefüllt wird. Schreiben Sie die Wörter bunt, aber niemals in der Farbe, die sie bezeichnen, also »Grün« z.B. in Blau, »Rot« in Gelb etc. Nun sollen die Mitglieder einer Gruppe schnell und zügig die Farben nennen, die sie auf einem Blatt von oben nach unten sehen, keineswegs aber die Wörter vorlesen! Das wird kaum einem fehlerfrei gelingen, weil die Gehirnareale, die die Farberkennung bzw. die Lesefähigkeit steuern, einander ständig stören.

Bei einem Kind mit ADHS kommt es wegen der scheinbaren »Gleichrangigkeit« der Informationen permanent zu solchen Überlappungen. Es braucht daher viel mehr Konzentration auch bei einfachen Aufgaben.

Kurzzeitgedächtnis

Ein gesunder Erwachsener kann in seinem Kurzzeitgedächtnis circa sieben Informationseinheiten über einige Minuten behalten, bei Kindern liegt die Kapazität bei fünf, bei AD(H)S-Kindern aber bei maximal vier.

Maxi filtert die momentan wichtigen Informationen heraus und merkt sich davon circa fünf wichtige. In Kevins Kurzzeitgedächtnis sind vier Informationen zu finden, die nicht unbedingt alle etwas mit dem Unterricht zu tun haben, z.B. der Schnee. Ständig überfluten ihn weitere Informationen. Der Arbeitsspeicher ist immer randvoll. Kevins Kurzzeitgedächtnis ist in einer permanenten »Notsituation« und behält von vielen unwichtigen und ein paar wichtigen Informationen kaum etwas.

---

* Diese Übung entnehmen wir mit freundlicher Genehmigung aus *Heil / Effinger / Wölfl: Schüler mit ADHS – verstehen, fördern, stärken*, S. 52.

Langzeitgedächtnis

Bei Maxi wandern die erlernten Unterrichtsinhalte durch Übung ins Langzeitgedächtnis, werden dort verankert und automatisiert. Kevins lückenhafte Informationen aus dem Kurzzeitgedächtnis müssten durch Erklären vervollständigt werden. Anschließend braucht er mehr Übung als Maxi, um sich neue Lerninhalte einzuprägen. Kinder mit AD(H)S üben besonders ungern und haben deshalb Lerninhalte oft nicht ausreichend automatisiert. Sie brauchen daher umso mehr Konzentration, aber Konzentration ist bei ihnen Mangelware! Ein gefährlicher Kreislauf kommt in Gang.

Doch selbst wenn Kevin seine Rechenaufgaben geübt hat, droht ein weiterer Stolperstein.

Wie Sie bereits gelesen haben, gleicht unser Langzeitgedächtnis einem Raum mit vielen Regalen. Ein gut strukturiertes Kind wie Maxi hat Schubladen für neue Informationen und verknüpft sie mit bereits vorhandenem Wissen.

Kevins Gedächtnis gleicht einer Rumpelkammer. Wahre Informationsschätze können dort verborgen sein, werden aber nicht immer gefunden. Ein Kind wie er braucht Hilfe, um Lerninhalte im Langzeitgedächtnis geordnet ablegen zu können.

Lernprobleme von AD(H)S-Kindern

- Aus den vielen Eindrücken können sie nur schwer das Wesentliche herausfiltern.
- Ihr Kurzzeitgedächtnis wird durch die Vielzahl der eintreffenden Informationen »verstopft«.
- Ihr Kurzzeitgedächtnis kann weniger Informationen abspeichern.
- Sie lagern neue Informationen nur dann im Langzeitgedächtnis, wenn sie öfter als andere Kinder üben und wiederholen.
- Ihr Langzeitgedächtnis ist weniger strukturiert als das von anderen Kindern.

Was zu tun ist

Erinnern wir uns an Kevin und seine Mutter (siehe Seiten 37 f.). Kevin kommt frustriert nach Hause – mit Hausaufgaben und einem Berg Zusatzaufgaben. Grundsätzlich gilt: Zuerst muss die Situation entschärft werden, bevor ein Neuanfang möglich ist.

- Jetzt keine Hausaufgaben und keine Problemgespräche!
- Kevin braucht Möglichkeiten zum Abreagieren. Er kann Fußball spielen, auf den Boxsack einschlagen, kuscheln …
- Die Mutter braucht eine Verschnaufpause. Sie sollte sich etwas Gutes tun, z.B. Kaffee trinken, in einer Illustrierten blättern …
- Die Mutter fasst Mut zur Lücke. Was ist für Kevin heute sinnvoll und machbar? Sie reduziert seine Hausaufgaben auf ein sinnvolles Maß. Den Grund dafür teilt sie der Lehrerin in einem Brief mit und bittet gleichzeitig um ein Gespräch, um solche Eskalationen in der Zukunft zu vermeiden.

Zusammenarbeit von Eltern und Schule

Notwendiger Ausgleich AD(H)S-Kinder kommen oft sehr erholungsbedürftig aus dem Schulvormittag. Sie brauchen dringend ausgleichende Betätigung. Mehr als 45 Minuten Arbeitszeit sind für ein Erstklasskind mit AD(H)S am Nachmittag nicht zumutbar.

Reduzierung der Hausaufgaben Manchmal übersteigt das Hausaufgabenpensum das Zeitmaß, obwohl das Kind konzentriert arbeitet. Besprechen Sie mit der Lehrerin, ob der Umfang der Hausaufgaben in diesem Fall reduziert werden kann (siehe Seite 47. Diese Vereinbarung soll so lange gelten, bis sich das Kind stabilisiert hat.

Hausaufgaben merken Ein Hausaufgabenheft ist für AD(H)S-Kinder eine große Hilfe. Oft sollen sich die Kinder in der ersten

Mutmach-Sprüche

»Nur Mut, dann wird alles gut!«
»Meine Hausaufgaben pack ich jetzt an,
   damit ich auch noch spielen kann.«
»Zusammen nehm ich alle Kraft,
   dann ist die ‚Hausi' bald geschafft!«
»Meine ganze Kraft fließt jetzt in die Hausaufgaben rein,
   dann werden sie bald erledigt sein!«
»Für die Hausaufgaben bin ich nun bereit,
   danach habe ich zum ... Zeit!«
»Ich schaff das jetzt!«

Klasse die Hausaufgaben merken. Ihr Kind kann Gedächtnisstützen benutzen, z.B. selbstklebende Zettel, die es nach Besprechung der Hausaufgaben im Buch oder Heft anbringt.

Mündlich statt schriftlich Viele Kinder mit AD(H)S kämpfen außer mit der Informationsverarbeitung auch noch mit der Grafomotorik. Schreiben ist diesen Kindern verhasst. Reden Sie mit der Lehrerin, ob Ihr Kind einen Teil der Hausaufgaben mündlich erledigen darf, z.B. Plus- und Minusaufgaben. Bestätigen Sie durch eine Unterschrift im Hausaufgabenheft, dass die Aufgabe von Ihrem Kind erfüllt wurde. Letztendlich ist es unwichtig, wie der Lernstoff in den Kopf kommt!

Struktur und Hausaufgaben

Um die Schwierigkeiten beim Lernen auszugleichen, brauchen AD(H)S-Kinder besonders viel Struktur. Es gibt in der Pädagogik einen wichtigen Grundsatz: Kinder kommen von der äußeren

Ordnung zur inneren Ordnung. Was bedeutet das? Für jeden Lernenden ist Struktur wichtig. So lernt es sich an einem aufgeräumten Arbeitsplatz besser als an einem chaotischen. Jeder merkt sich Inhalte leichter, wenn diese übersichtlich dargeboten werden. Was für lernende Kinder im Allgemeinen gilt, gilt für Kinder mit AD(H)S im Besonderen. Sie brauchen mehr als andere Kinder äußere Struktur, um ihr inneres »Chaos« zu besiegen und zur inneren Ordnung zu kommen.

Es gibt viele Möglichkeiten, durch äußere Bedingungen diese innere Struktur zu schaffen.

Struktur am Arbeitsplatz

- Es wird immer an demselben Tisch gearbeitet! Das kann auch der Küchentisch sein, wenn er während der Hausaufgabenzeit ausschließlich für Ihr Kind reserviert ist.
- Die Tischplatte muss frei sein! So wird das Kind nicht abgelenkt. Nur die benötigten Arbeitsmaterialien sollten darauf bereitliegen.
- Störfaktoren ausschalten! Setzen Sie sich selbst an den Arbeitstisch und überlegen Sie, was ablenken könnte (spannender Ausblick aus dem Fenster, Radio, Fernseher, Telefon, Spielsachen in Reichweite …).

Phasen der Hausaufgabenzeit

- Anfangsritual
- Besprechung der Reihenfolge (Zettelmethode!)
- Festlegung von Pausen
- gemeinsames Herrichten des benötigten Materials
- Durchführung der Hausaufgaben und eventueller Zusatzübungseinheiten
- gemeinsamer Abschluss der Hausaufgaben

Struktur während der Hausaufgabenzeit

Hausaufgaben sind für viele Kinder ungeliebtes »Nebenprodukt« der Schule, besonders für Kinder mit AD(H)S. Aller Anfang ist schwer! Vielleicht kennen Sie das: Sich hinzusetzen und mit der ungeliebten Tätigkeit anzufangen, fällt Ihrem Kind besonders schwer.

Festgelegte Rituale für den Hausaufgabenbeginn können Kindern helfen, sich zu überwinden und anzufangen. Als hilfreich haben sich folgende Anfangsrituale erwiesen:

- gemeinsames Herrichten des Arbeitsplatzes
- Aufsagen eines Mutmach-Spruchs (siehe Kasten auf Seite 47)
- eine kurze Stille- oder Konzentrationsübung

Anschließend wird mit dem Kind genau besprochen, in welcher Reihenfolge die Hausaufgaben erledigt werden, wann eine Pause kommt und ob eine zusätzliche Übungseinheit durchgeführt wird. Überraschungen überfordern AD(H)S-Kinder, besonders wenn es um das meist ungeliebte Lernen geht. Manchen Kindern hilft es, jede einzelne Hausaufgabe auf einen Zettel zu schreiben. Die Zettel werden an eine Pinnwand gehängt. Hat Ihr Kind z. B. die Rechenhausaufgabe erledigt, wird der Zettel *Rechnen* abgehängt und weggeworfen. Diese Methode hat zwei große Vorteile:

- Sie macht Erfolge sichtbar (*»Eine Hausaufgabe habe ich schon geschafft!«*).
- Sie »zerlegt« den »Berg an Hausaufgaben« in verdauliche »Happen«.

Nun beginnt das Kind zu arbeiten. Am Ende der Hausaufgaben ist es hilfreich, gemeinsam die Arbeitsmaterialien für den nächsten Tag zu packen. Damit ist die Hausaufgabenzeit abgeschlossen!

Dieser Ablauf (Festlegen der Reihenfolge, Besprechung der Pause …) sollte stets eingehalten werden. Er gibt dem Kind Sicherheit und hilft ihm, den »Berg an Aufgaben« zu überwinden. Außerdem sind Rituale Gedächtnisstützen für Ihr Kind und fördern die Konzentration, weil sie sich im Laufe der Zeit automatisieren.

Struktur beim Lernen

Die äußere Struktur ist festgelegt – jetzt geht es darum, den inneren Lernprozess zu strukturieren. Wenn Sie mit Ihrem AD(H)S-Kind lernen, sollten Sie darauf achten, dass der Lernstoff

- überschaubar,
- strukturiert und
- einfach ist.

So reduzieren Sie Lernfrust Sammeln Sie Erfolge! Kinder mit AD(H)S haben Angst vor »zu großen« Aufgaben. Wenn Kevin von seiner Lehrerin ein DIN-A4-Arbeitsblatt mit nach Hause bekommt, das er dreimal lesen soll, erscheint ihm diese Aufgabe unerfüllbar.

Für AD(H)S-Kinder muss das Prinzip der kleinen Schritte gelten. Es hilft Kevin, wenn seine Mutter ihm das Arbeitsblatt in drei bis vier Streifen zerschneidet, die er gemeinsam mit ihr liest. Was er erledigt hat, sammelt er auf einem Stapel. Das geforderte Lernpensum ist so in kleine Schritte »zerlegt« worden. Kevin kann die einzelnen Lernschritte überblicken und erlebt kurzfristige Erfolge. Es ist für ihn ein schönes Gefühl, wieder einen Streifen ablegen zu dürfen.

Weniger ist mehr Erinnern wir uns daran, was im Gehirn von AD(H)S-Kindern passiert: Eine Flut von Informationen strömt ins Kurzzeitgedächtnis und verstopft es.

Deshalb muss Lernstoff für Kinder mit AD(H)S portioniert werden wie gutes Eis. Von zu viel Eis bekommt Ihr Kind Bauchgrummeln. Von zu viel Lernstoff auf einmal bekommt Ihr Kind »Gehirngrummeln«. Beim Lernen gilt: Weniger ist mehr!

Ein Kind mit AD(H)S schafft an einem Tag nicht den gleichen Lernstoff wie andere Kinder. Diese Tatsache muss jeder akzeptieren, der mit diesem Kind lebt und lernt. Deshalb ist langfristiges Planen notwendig. Steht eine Klassenarbeit in einem Lernfach an, muss ein Kind mit AD(H)S frühzeitig mit dem Lernen beginnen. Kleine Portionen, die regelmäßig wiederholt werden, sind für sein Gedächtnis »verdaulich«.

Das erste Schuljahr: Lernprobleme verhindern

Man ist nur so gut, wie man sich erholt Die Defizite in der Aufmerksamkeit machen es Kindern mit AD(H)S besonders schwer zu lernen. Ihr Gehirn läuft stets auf »Hochtouren«.

Für jeden Hochleistungssportler ist die ausreichende Erholung nach einem Wettkampf Pflicht. Nur so kann er dauerhaft Höchstleistungen erbringen. Das gilt auch für Kinder mit AD(H)S. Bei einem Erstklasskind muss nach einer Lerneinheit von circa 15 Minuten eine geplante Pause erfolgen. Damit Ihr Kind den »Wiedereinstieg« ins Lernen leicht findet, darf die Pause nur zwei bis drei Minuten dauern. Das Gehirn schaltet andernfalls auf »Freizeit« um und muss sich an den Gedanken »Lernen« erst wieder mühsam gewöhnen. Das zieht unnötige Energie, die besser für die nächste Aufgabe verwendet wird.

Sinnvolle Beschäftigungen für die kurzen Pausen können sein: Hüpfen auf dem Trampolin, kurz an die frische Luft gehen, ausreichend trinken. Auf keinen Fall darf Ihr Kind in diesen Pausen fernsehen oder am Computer spielen. Das ist Gift für das Gehirn Ihres Kindes!

Lautes Denken hilft gegen Datenverlust Kennen Sie das auch? Sie fahren im Auto und hören im Radio eine Buchempfehlung. Um sich den Buchtitel zu merken, sprechen Sie ihn einige Male laut. Dadurch »rutscht« die »Information Buchtitel« von Ihrem Kurzzeitgedächtnis ins Langzeitgedächtnis.

Auch Kindern mit AD(H)S hilft »lautes Denken«, Arbeitsanweisungen im Gedächtnis zu speichern. Gedanken »verpuffen« nicht, sondern bekommen mehr Aufmerksamkeit. Halten Sie Ihr Kind bei den Hausaufgaben oder beim Lernen dazu an, sich die Aufgaben vorzusprechen. Das erhöht die Aufmerksamkeit, und Ihr Kind wiederholt gleichzeitig nochmal, was es zu tun hat.

Wiederholung ist der Schlüssel zum Erfolg Kinder mit AD(H)S müssen Gelerntes häufiger wiederholen als andere Kinder. Nur so bleibt es dauerhaft in ihrem Langzeitgedächtnis.

Ferienzeit ist für viele dieser Kinder deshalb (leider) die Zeit des Vergessens. Selbstverständlich ist es gerade für Kinder mit AD(H)S auch besonders wichtig, dass sie sich in den Ferien erholen. Regelmäßiges Wiederholen des Lernstoffs kann ihnen trotzdem nicht ganz erlassen werden. Der Frust über den »Datenverlust« zu Schulbeginn wäre zu groß! Eine gesunde Mischung aus Erholung und Wiederholung für die Ferien ist wichtig und richtig für AD(H)S-Kinder!

Am Ende steht das Erfolgserlebnis Wie Sie wissen, spielen Gefühle beim Lernen eine große Rolle. Erfolge motivieren für die nächsten Aufgaben und schaffen Selbstvertrauen. Misserfolge blockieren und erschweren das Lernen erheblich.

Versuchen Sie, Ihrem Kind am Ende der Hausaufgaben- oder Lernzeit deshalb einen Erfolg zu ermöglichen. Schließt das Kind mit dem Gefühl *»Das habe ich heute gut gemacht!«*, ist es für den nächsten Tag motivierter.

Gehirnforscher haben herausgefunden, dass der menschliche Körper sich bei Lernerfolgen selbst belohnt. Erledigt der Mensch eine Aufgabe gut, schüttet das Gehirn einen bestimmten Stoff aus, der uns ein Glücksgefühl spüren lässt.

So machen Sie Erfolge sichtbar:

- Werfen Sie noch einmal gemeinsam den Blick auf die erledigten Aufgaben!
- Heben Sie einen besonders gelungenen Hefteintrag hervor!
- Verdeutlichen Sie, wie viele Aufgaben richtig gerechnet wurden!

Körperkontakt steigert die Aufmerksamkeit Erinnern wir uns noch einmal an Kevin. Er hat die Arbeitsanweisung seiner Lehrerin nicht wahrgenommen, weil er wesentliche Informationen von unwesentlichen nicht unterscheiden kann.

Manchen Kindern mit Aufmerksamkeitsdefiziten gelingt es besser, sich auf das Wesentliche zu konzentrieren, wenn dies durch Körperkontakt »betont« wird. Für Kevin wäre es vielleicht hilfreich gewesen, wenn die Lehrerin ihn während der Arbeitsanweisung an der Schulter berührt hätte. Kevins Wahrnehmung hätte das Signal erhalten: »*Achtung, pass auf, hierauf kommt es jetzt an!*«

Legen Sie Ihrem Kind die Hand auf die Schulter und schauen Sie es an, wenn Sie ihm etwas Wichtiges sagen wollen.

Einfache Übungsformen Für Kinder ohne AD(H)S sind abwechslungsreiche, spielerische Übungsformen motivierend und sinnvoll. Sie sind jedoch Gift für Kinder mit AD(H)S, weil sie sie verwirren, ablenken und letztlich zu keinem Erfolg führen.

AD(H)S-Kinder lernen oft besonders gut über den visuellen Eindruck (also über das Auge) und brauchen Übungsformen, bei denen sie möglichst wenig schreiben müssen. Lernkärtchen erfüllen diesen Zweck ideal. Schreiben Sie Ihrem Kind alle Plus- und Minusaufgaben im Zahlenraum bis 20 auf kleine Kärtchen (vorne die Rechnung, hinten das Ergebnis). Jeden Tag wird fünf Minuten damit geübt. Sie werden sehen, bald automatisieren sich die Aufgaben, und Ihr Kind hat in seinem Kurzzeitgedächtnis wieder Platz.

Lerntechniken Es gibt sehr viele Lerntechniken, aber wenn Sie zu viele verschiedene anwenden, lenken Sie Ihr AD(H)S-Kind ab oder verwirren es. Für ein Erstklasskind reicht es völlig aus, wenn Sie die bisher erwähnten Lernprinzipien berücksichtigen. Für ein älteres Kind mit AD(H)S wählen Sie wenige geeignete Lerntechniken aus. Auf den Seiten 110–116 finden Sie dazu hilfreiche Tipps!

So unterstütze ich mein Kind beim Lernen

Klare Regeln sind für AD(H)S-Kinder lebensnotwendig. Sie geben Orientierung und Sicherheit. Meistens sind die Verhaltensprobleme bei AD(H)S-Kindern so vielfältig, dass die normalen Klassen- und Familienregeln keine Wirkung zeigen. Als Lehrer und Eltern müssen Sie in diesem Fall »härter«, direktiver und konsequenter durchgreifen, um den Weg für Verhaltensänderungen zu ebnen.

Auch der zwischenmenschliche Umgang vor, während und nach dem Lernen ist wichtig. Als »Grundregel« gilt: AD(H)S-Kinder bekommen viel zu wenig Lob! Jeder von uns hat jedoch erfahren, dass Kritik mutlos macht, während Lob anspornt.

Richtig loben!

Ein »Lob« wie »*Es ist schön, dass du ausnahmsweise einmal nicht dauernd aufstehst!*«, enthält versteckte Kritik, weil es auf das unerwünschte Verhalten aufmerksam macht. Besser wäre: »*Schön, dass du auf dem Stuhl sitzen bleibst!*«

- Sagen Sie Ihrem Kind so genau wie möglich, was Sie gut finden! »*Schön, dass an deinem Arbeitsplatz nur das Arbeitsblatt und dein Federmäppchen liegen. Nur das brauchst du für die Rechenhausaufgabe!*«
- Schärfen Sie Ihren Blick für kleine Fortschritte Ihres Kindes! Vergleichen Sie Ihr Kind nicht mit anderen Kindern, sondern immer nur mit sich selbst! »*So schwere Rechenaufgaben und alle richtig! Ich bin stolz auf dich!*«
- Lob muss ehrlich gemeint sein!
- Lassen Sie das Lob wirken! Eine nachgeschobene Kritik zerstört vorausgegangenes Lob. Wenn Sie zu Ihrem Kind sagen: »*Die Überschrift ist schön, aber der Rest des Eintrags ist geschmiert!*«, macht die kritische Äußerung die lobende kaputt. Besser formulieren Sie nur: »*Die Überschrift ist schön!*«
- Ein Lächeln und Blickkontakt geben Ihren Lobesworten zusätzliches Gewicht!

Übung: Wo wird richtig gelobt? Kreuzen Sie alle richtigen Formulierungen an! (Unsere Lösungsvorschläge stehen auf Seite 124.)

Kevins Mutter versucht, ihren Sohn zu Ordnung im Schulranzen anzuhalten. Heute kommt Kevin freudestrahlend nach Hause. Bereits an der Haustür ruft er seiner Mutter entgegen: »*Mein Schulran-*

zen ist heute ganz aufgeräumt!«Als die Mutter – wie vereinbart – nach dem Mittagessen den Ranzen kontrolliert, findet sie ein ähnliches Chaos wie sonst. Im Federmäppchen jedoch stecken die meisten Stifte in den dafür vorgesehenen Schlaufen. Auch sind die Arbeitsblätter in der Sammelmappe abgelegt.

- »Federmäppchen und Blättermappe sind ordentlich, leider ist der restliche Schulranzen immer noch unordentlich.«
- »Ich freue mich, dass du viele Stifte richtig eingeordnet hast. Das hilft dir morgen in der Schule, sie schnell wiederzufinden.«
- »Deine Arbeitsblätter sind alle an Ort und Stelle. Ich bin stolz auf dich, dass du das schaffst. So bekommen die Blätter keinen Knick, und du schaffst es vielleicht, von deiner Lehrerin einen Stempel dafür zu bekommen.«
- »In deinem Federmäppchen hast du fünf Stifte richtig einsortiert. Warum hast du das nicht gleich bei allen Stiften gemacht?«
- »Federmäppchen und Sammelmappe sind eingeordnet. Jetzt ist es ganz leicht für dich, morgen den ganzen Schulranzen sauber zu halten.«

Übung: Anstrengung und Fehler Kevin beginnt nach einer ausgiebigen Pause mit den Hausaufgaben. Er hat beschlossen, freiwillig den fehlenden Hefteintrag vom Vormittag nachzuschreiben, damit er am nächsten Tag genauso weit wie die anderen Kinder ist. Seine Motivation ist jedoch nicht mehr sehr hoch, weil er vom reichlich misslungenen Vormittag geschafft und frustriert ist. Mit Müh und Not schreibt er den Eintrag. Als die Mutter das Geschriebene kontrolliert, entdeckt sie viele Fehler. Kevins Schrift ist schwer lesbar.

Richtiges Lob

- ist möglichst konkret,
- würdigt die Anstrengung mehr als das Ergebnis,
- ist ehrlich gemeint.

Formulieren Sie ein richtiges Lob, das die Anstrengung Kevins würdigt! Einen Lösungsvorschlag finden Sie im Anhang ab Seite 115.

Fenstertechnik

Die Fenstertechnik ist eine bewährte Methode aus der Verhaltenstherapie und führt bei konsequenter Durchführung zum Erfolg. Sie ist immer dann sinnvoll, wenn die Verhaltensschwierigkeiten so gehäuft auftreten, dass Sie als Eltern/Lehrer permanent damit beschäftig sind, Strafen auszusprechen.

Hinter dieser Methode steckt folgende Grundidee: Es ist nicht möglich, ein Fehlverhalten langfristig zu verändern, wenn es in zu vielen unterschiedlichen Situationen auftritt und schon automatisiert ist. Ebenso unrealistisch ist es, in kurzer Zeit die ganze Palette unerwünschter Verhaltensweisen positiv zu verändern.

Deshalb ist es sicherlich nicht sinnvoll, mit Kevin zu vereinbaren, dass er sich ab jetzt den gesamten Vormittag an alle Klassenregeln halten muss. Misserfolge wären bei einer solchen Vereinbarung vorprogrammiert. Kevin kann sein Verhalten über einen so langen Zeitraum weder bewusst steuern, noch fühlt er sich von allgemein formulierten Regeln angesprochen.

Er braucht wenige, klare und auf ihn zugeschnittene Regeln, die er in einem eng begrenzten Zeitraum einhalten kann. Auch Eltern und Lehrer wären restlos überfordert, wenn sie den ganzen Tag über konsequent verfolgen müssten, ob Kevin sich an die Regeln hält, und das Verhalten dann belohnen oder bestrafen sollten.

Durch die Fenstertechnik hat Kevin die Chance, erwünschtes Verhalten in einem vorher festgelegten Zeitraum zu zeigen und auch dafür belohnt zu werden. Eltern und Lehrer schaffen es so, ihn zu loben. Der Teufelskreis der permanenten Entmutigung wird unterbrochen.

So probieren Sie die Fenstertechnik aus:

- Legen Sie einen Zeitrahmen fest, in dem Kevin sich an die Regeln halten muss, im Unterricht z.B. circa 15 Minuten am frühen Vormittag.

Sinnvolle Regeln sind

- überschaubar,
- für das Kind nachvollziehbar,
- leicht zu befolgen und
- durchsetzbar.

- Überlegen Sie sich eine konkrete erwünschte Verhaltensweise, die Kevin in diesem Zeitrahmen zeigen soll, z.B. zehn Minuten konzentriert an einer Aufgabe zu arbeiten.
- Wenn sich Kevin an die Regel gehalten hat: Wie werden Sie loben? Schreiben Sie jetzt einen konkreten Satz auf! Beginnen Sie mit: »*Ich freue mich* ...«, »*Schön, dass* ...«

Ein ähnliches Vorgehen ist bei den Hausaufgaben denkbar:
- Ich lege auf meinen Arbeitsplatz nur das, was ich für die Hausaufgabe brauche!
- Nach 15 Minuten konzentrierter Arbeit darf ich kurz aufstehen und z.B. Seil springen oder etwas trinken.
- Ich darf nicht ans Telefon gehen und nicht die Türe öffnen, wenn Freunde läuten.
- Meine Hausaufgaben schreibe ich lesbar auf.

Konsequenz statt Strafe

Setzen Sie sich an dem Tag, an dem Sie beginnen wollen, ruhig mit dem Kind zusammen und besprechen Sie das Vorgehen. Notieren Sie die Regeln auf einem großen Plakat. Für Leseanfänger können Sie dazu Zeichnungen oder Symbole verwenden.

Und wenn die Regeln nicht eingehalten werden, Kevin z.B. die Hausaufgaben kaum lesbar hinschmiert? Auf keinen Fall sollte die Mutter zur Strafe das Taschengeld entziehen. Diese Maßnahme steht in keinem logischen Zusammenhang mit Kevins Regelverstoß.

Wirksamer ist eine vorher gemeinsam festgelegte Konsequenz, z. B. ihn die gesamten Hausaufgaben noch einmal lesbar schreiben zu lassen. Für ein AD(H)S-Kind ist das oft eine Überforderung. In Kevins Fall wäre es sinnvoll, ihn nur die ersten drei Sätze noch einmal lesbar aufschreiben zu lassen.

Wichtig: Die Konsequenz muss unmittelbar und ohne Diskussionsmöglichkeit auf das Fehlverhalten folgen.

Punkteplan

Tritt ein Fehlverhalten dauerhaft auf, ist es sinnvoll, einen Punkteplan einzuführen.

Zum Beispiel können Sie für jeden geleisteten Arbeitsabschnitt von zehn bis 15 Minuten einen Punkt in Form eines Smileys, eines Stempels oder eines Aufklebers geben. Die Punkte können die Kinder dann zu Hause in Spielminuten mit den Eltern oder einem Elternteil eintauschen. In der Schule könnte sich das Kind einen »Spielwunsch« für den Sportunterricht verdienen. Werden Regeln innerhalb eines Abschnitts nicht eingehalten, kann ein Punkt wieder abgezogen werden. Bewerten Sie außerdem auch das Bemühen des Kindes und nicht nur das Ergebnis seiner Arbeit.

An einem Strang ziehen

Besonders effektiv ist der Umgang mit Punkteplänen, wenn Elternhaus und Schule eng zusammenarbeiten. Gelten dieselben Regeln zu Hause und in der Schule, gewinnt das Kind an Orientierung und Sicherheit.

Ich nehme mir Zeit für mein Kind: Gemeinsam das Gedächtnis trainieren

Memory In jedem gut sortierten Spielzeugladen werden Sie eine Vielzahl von Spielen dieser Art finden. Memory lässt sich wunderbar mit der ganzen Familie spielen, macht Spaß und schult gleichzeitig das Gedächtnis.

Hör-Memory Füllen Sie gemeinsam mit Ihrem Kind leere Filmdosen mit Reis, Büroklammern, Steinchen etc., und zwar immer zwei Dosen mit dem gleichen Inhalt. Wer findet die gleich klingenden Dosen heraus? Zur Kontrolle dienen farbige Punkte auf den Unterseiten der Dosen.

Kofferpacken *»Ich packe meinen Koffer ...«* kann man überall spielen. Zappeligen AD(H)S-Kindern kommt es entgegen, wenn die Begriffe mit Gesten verbunden werden.

Stille Post Ein geflüsterter Satz wandert von Ohr zu Ohr. Hinhören und Konzentration sind gefordert.

Regeln einhalten Nehmen Sie ein bekanntes Brettspiel und erfinden Sie mit Ihrem Kind neue oder zusätzliche Regeln. Alle passen auf, dass die neuen Regeln eingehalten werden.

Extratipp: Sport macht fit!

Sportliche Betätigung schafft Ausgleich nach einem stressigen Schulvormittag. Gleichzeitig lernt das Kind spielerisch, sich an Regeln zu halten. AD(H)S-Kinder brauchen mehr Zeit, um sich auf Neues einzustellen. Es dauert daher auch oft länger, bis sie sich an eine Gruppe und an deren Regeln gewöhnen. Geben Sie nicht gleich auf, wenn Ihr Kind nach wenigen Besuchen der Sportgruppe keine Lust mehr hat! Sprechen Sie mit Ihrem Kind über seine Erlebnisse. Vereinbaren Sie einen Termin, bis zu dem es auf jeden Fall in der Gruppe bleibt (z. B. in zwei Monaten). Erst dann soll sich Ihr Kind endgültig entscheiden.

Das zweite Schuljahr:
Selbstbewusstsein stärken

Ihr AD(H)S-Kind hat wahrscheinlich schon schulischen Misserfolg erlebt. Dass es weiterhin mit Mut an seine Aufgaben herangeht, ist die wichtigste Voraussetzung für seine Zukunft. Stellen Sie ihm und sich selbst deshalb immer wieder vor Augen, wo seine Stärken sind. Niemand kann das besser als Sie.

Das ist heute passiert

Perspektive des Kindes	Perspektive der Lehrerin	Perspektive der Eltern
Keiner sieht mich hier! Außerdem verstehe ich den ganzen Quatsch nicht. (kippelt auf dem Stuhl)	Oje, die Stunde hat kaum angefangen, und Nadine schaut wieder so komisch! Gleich bekommt sie einen Anfall und stört.	Endlich ist sie raus aus der Tür! Bis sich Nadine morgens fertig macht. Das kostet mich immer meine letzten Nerven!
Ich mach's mir mal gemütlich! (legt die Füße auf den Tisch) Ach, ist das langweilig hier! (gähnt mehrmals ganz laut)	Ich ignoriere ihr Verhalten jetzt, vielleicht beteiligt sie sich ja doch noch und erspart uns den Zirkus ... Ach nein, das klappt leider wieder mal nicht! Heute zeige ich ihr, wer hier das Sagen hat: »Nadine, nimm sofort die Füße vom Tisch, hör auf zu gähnen und fang an zu arbeiten!«	Mal sehen, was heute wieder passiert. Ich bin mit meinem Latein am Ende!
Ich will meine Füße aber nicht vom Tisch nehmen. (grinst provokant und lässt die Füße auf dem Tisch) »Ist mir doch egal!«	Jetzt reicht es mir aber! Dieses ewige Stören! Die wird schon noch lernen, sich hier einzugliedern und anzupassen. Jetzt schreibe ich ihren Namen an die Tafel. »So, und jetzt machst du eine Strafarbeit!«	

Perspektive des Kindes	Perspektive der Lehrerin	Perspektive der Eltern
»Die mag mich sowieso nicht!« (hat immer noch die Füße auf dem Tisch) O geil, alle schauen mich an! Jetzt weiß meine Lehrerin nicht mehr, was sie tun soll!	»Wenn du nicht machst, was ich dir sage, kannst du auch nachsitzen und einen Verweis haben!« Jetzt hat sie's geschafft. Alle grinsen und kichern anstatt zu arbeiten. Was mach ich denn jetzt noch?	
(Nadine bockt und rührt sich nicht. Sie genießt ihre Mittelpunktrolle.)	»Morgen musst du nachsitzen. Deine Eltern rufe ich heute an!« So ein Mist, jetzt muss ich mich mit ihren Eltern treffen und morgen länger bleiben. Ändern wird sich ja eh wieder nichts.	Nadine kommt gleich nach Hause! Wie schön, wenn heute mal nichts vorgefallen wäre! Hoffentlich muss ich nicht wieder in die Sprechstunde! Ich weiß ja auch nicht, wie wir es ändern können!

Hintergrundwissen

Fast immer hat ein Kind »gute Gründe« für sein Handeln. Nadine hält ihr auffälliges Verhalten nur aufrecht, weil es sich für sie auf bestimmte Weise lohnt. Ein grundlegendes Bedürfnis von ihr wird durch den Machtkampf mit der Lehrerin bestens erfüllt.

Teufelskreis Machtkampf

Nadine will Aufmerksamkeit, und diese bekommt sie in hohem Maß. Dafür nimmt sie in Kauf, dass es sich um negative Zuwendung handelt. Ihr Bedürfnis, gesehen zu werden und im Mittelpunkt zu stehen, ist einfach zu groß. Die Lehrerin reagiert in unserem Beispiel mit großer Unsicherheit. Bei AD(H)S-Kindern greifen die üblichen pädagogischen Maßnahmen nicht. So lernt Nadine mit ihrer Art zu provozieren nicht allein, dass sie damit Aufmerksamkeit bekommt, sie geht aus dem Machtkampf mit der Lehrerin auch noch als Gewinnerin hervor. Die Klassenkameraden lachen und schenken ihr ebenfalls die ersehnte Mittelpunktrolle.

Negative Aufmerksamkeit ist besser als keine

Viele AD(H)S-Kinder leiden unter einem sehr geringen Selbstwertgefühl. Zu oft schon haben sie erfahren, dass ihre Umwelt genervt und negativ auf sie reagiert. Lob und echte Anerkennung erleben sie dagegen meist wesentlich seltener als andere Kinder ihres Alters. Leider wird auch von uns Erwachsenen oft nicht erkannt, dass diese Kinder unter einer großen Selbstwertproblematik leiden. Nadine wirkt auf die Lehrerin momentan sehr stark und selbstsicher. Sie weiß sich durchzusetzen und die ganze Klasse auf ihre Seite zu ziehen. In dieser Situation fühlt sich die Lehrerin (zu Hause sind es die Eltern) schwach und hilflos. Nadine dagegen glaubt sich in der Machtkampfsituation stark, sie geht ja auch als Siegerin daraus hervor.

Doch mit echtem Selbstbewusstsein hat das nichts zu tun. Nadine lernt vielmehr, dass sie normalerweise nicht gesehen wird, es »nicht wert« ist, im positiven Sinne Aufmerksamkeit zu bekommen. Ihrer Erfahrung nach muss sie sich und den anderen ständig beweisen, dass sie stärker ist und etwas darstellt. Nur wenn sie provoziert und sich extrem auffällig verhält, wird sie wahrgenommen. Ist sie dagegen friedlich und »normal«, sind alle Beteiligten, vor allem aber die Lehrerin (zu Hause die Eltern) froh, dass sie nicht stört. Sie schenken ihr keine Beachtung und Aufmerksamkeit, um auf keinen Fall einen neuen Ausbruch hervorzurufen. Ein sehr ungünstiger Kreislauf wird für Nadine immer weiter aufrechterhalten. Es ist der tägliche Kampf um Aufmerksamkeit, ein Teufelskreis, aus dem Nadine selbst nicht herauskommt. Es ist die Aufgabe von uns Erwachsenen, diesen Teufelskreis zu erkennen und ihn bewusst zu durchbrechen.

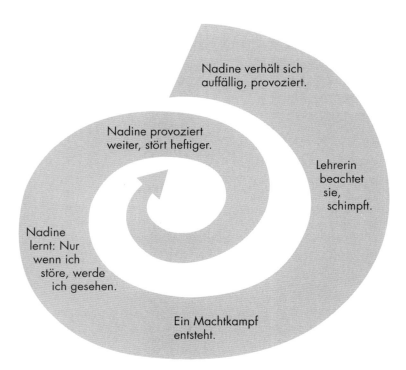

Nadine verhält sich
auffällig, provoziert.

Nadine provoziert
weiter, stört heftiger.

Lehrerin
beachtet
sie,
schimpft.

Nadine
lernt: Nur
wenn ich
störe, werde
ich gesehen.

Ein Machtkampf
entsteht.

Der Teufelskreis dreht sich weiter

Nadine befindet sich schon lange Zeit im Kampf um Anerkennung.
In der Schule erfährt sie täglich, dass sie Aufmerksamkeit nur durch
störendes Verhalten erhält. Verhält sie sich ausnahmsweise einmal ruhig, ist die Lehrerin froh, den Unterricht fortführen zu können. Nadines positives Verhalten sieht sie nicht und lobt es nicht entsprechend.
Erst bei der nächsten Störung erfährt Nadine wieder Beachtung
und lernt: »*Ich werde nur gesehen, wenn ich mich auffällig benehme!*«

Im Unterricht stört sie immer weiter. Meistens ist sie abgelenkt
und mit sich selbst beschäftigt. Ein gefährlicher Kreislauf beginnt, sich
weiter zu drehen. Denn Nadine erfährt nicht nur Ablehnung und
Kritik in der Schule, ihre Leistungen sinken ab. Greifen Eltern und
Schule nicht rechtzeitig ein, dreht sich die ungünstige Spirale immer
weiter und ein Flächenbrand kann entstehen. Nadines Leistungen
werden immer schlechter, ihr Verhalten wird immer auffälliger.

Ursachen für einen Flächenbrand

In Studien wurde Folgendes festgestellt: Verabreicht man AD(H)S-Kindern ein Medikament, das ihre Aufmerksamkeit erhöht, verbessert sich nicht automatisch die Schulleistung. Zu erklären ist dies durch die negativen Erfahrungen, die viele AD(H)S-Kinder bereits gemacht haben. Häufige Kritik und Zurückweisung haben ihr Selbstwertgefühl stark gemindert.

In der Regel lernen Kinder schon sehr früh den Zusammenhang zwischen Anstrengung und Erfolg. Sie erleben, dass sie in ihrer Umwelt etwas bewirken können *(Selbstwirksamkeit)*. Die zweijährige Carla, die einen Turm aus Bauklötzchen umstößt, kann dies auf ihr eigenes Tun zurückführen. Sie macht die Erfahrung: *»Ich kann den Turm umstoßen.«* Aus der Motivationspsychologie ist bekannt, dass diese Selbstwirksamkeit eine der wichtigsten Voraussetzungen für Leistungsbereitschaft ist. Erst wenn AD(H)S-Kinder zusätzlich zur Medikation die Erfahrungen der Selbstwirksamkeit nachholen konnten, verbesserten sich ihre schulischen Leistungen.

Solange diese Erfahrungen fehlen, dreht sich die Spirale weiter. Misserfolge bewirken dann, dass die Leistungsmotivation weiter sinkt. Das AD(H)S-Kind entwickelt eine misserfolgsorientierte Grundhaltung. Das heißt, es erwartet von vornherein einen Misserfolg. Erfolge schreibt es nicht sich selbst zu. Durch diesen Teufelskreis wird das Selbstwertgefühl weiterhin geschwächt.

AD(H)S-Kinder schützen ihren Selbstwert

Um sich zu schützen, verliert das Kind den Kontakt zu seinen Gefühlen. Traurigkeit, Angst und tiefe Enttäuschung kann es nicht zulassen. Bei Nadine zeigt sich diese Problematik durch scheinbar selbstbewusstes Verhalten. Jedes Kind reagiert aber anders, um sein Selbstwertgefühl zu retten.

Verhaltensauffälligkeiten sind Notsignale. Sie müssen unbedingt ernst genommen werden. Wenn ein Kind in der Schule versagt, ist seine Angst groß, die Liebe seiner Eltern zu verlieren. Kurzfristig betrachtet, ist das auffällige Verhalten sinnvoll; es schützt das Kind vor einem weiteren Angriff auf das Selbstbewusstsein. Langfristig gesehen, gerät das Kind dadurch oft in den oben beschriebenen Teufelskreis.

Für uns Erwachsene ist es wichtig, die Schutzstrategien des Kindes als das zu erkennen, was sie sind, und Brücken zu bauen, damit das Kind wagen kann, sein auffälliges Verhalten zu ändern.

Signale für Selbstwertverlust
Null Bock
Nadine erfährt in der Schule immer wieder, dass sich Anstrengung nicht lohnt. Aufgrund ihrer Aufmerksamkeitsstörung sind ihre Wissenslücken so groß, dass sich ihre Noten trotz zusätzlichen Lernens nicht verbessern. Um die wachsende Verzweiflung ihrer Eltern nicht mehr spüren zu müssen, vermeidet Nadine alles, was irgendwie mit Leistung zusammenhängt.

- Am Unterricht beteiligt sie sich nicht mehr, dann kann sie auch keine Fehler machen.
- Hausaufgaben vergisst sie aufzuschreiben, dann muss sie sie nicht erledigen.
- Schlechte Arbeiten versteckt sie in ihrem Zimmer und tut so, als ob alles gut wäre. Kommen die Noten doch zur Sprache, bockt Nadine und sagt, es sei ihr scheißegal.

Klassenclown
- Als Klassenclown wird Nadine wenigstens gesehen. Lieber kurz mal Queen bzw. King sein als übersehen werden! Eltern und Lehrer reagieren außerdem sehr besorgt und kümmern sich vermehrt um sie.

Vor Klassenarbeiten hab ich Bauchweh
- Vor angekündigten Klassenarbeiten hat Nadine Bauchweh und weigert sich, in die Schule zu gehen.
- In der Schule hat sie Kopfweh und möchte abgeholt werden.

Cool sein schützt vor Selbstwertverlust

Das Kind wird noch tiefer in den Teufelkreis hineingezogen. Zusätzlich zur Selbstwertproblematik und den schulischen Misserfolgen erfährt ein AD(H)S-Kind häufig soziale Ablehnung.

Die Lehrerin erlebt es in der Regel als Klassenclown, der den Unterricht stört.

Gegenüber Gleichaltrigen verhalten sich AD(H)S-Kinder meist zudringlich und albern zugleich. Oft stören sie deren Aktivitäten und verhalten sich wie »Nervensägen«. Deshalb werden sie häufig von ihren Altersgenossen abgelehnt und haben Schwierigkeiten, Freunde zu finden.

Auch im sozialen Bereich also bekommt ihr Selbstwertgefühl keine Nahrung.

AD(H)S-Kinder im Teufelskreis

- AD(H)S-Kinder laufen Gefahr, verhaltensauffällig zu werden und in einen Teufelskreis aus schulischem Misserfolg und weiteren Verhaltensauffälligkeiten zu rutschen.
- Ihr auffälliges Verhalten ist meist ein Hilferuf.
- AD(H)S-Kinder brauchen dringend Lob und Anerkennung, um aus dem Teufelskreis ausbrechen zu können.

Was zu tun ist

Das Selbstbild eines Kindes formt sich durch die Rückmeldungen aus der Umgebung, und das bereits in den ersten Lebensjahren. Je älter das Kind wird, umso schwerer ist dieses Bild zu verändern. Wer immer wieder hört: »*Du störst!*« – »*Du kannst das nicht!*« – »*Sei doch nicht so nervig!*«, wird diese Meinung in sein Selbstbild aufnehmen: »Ich bin nichts wert!«.

Echte Wertschätzung und Anerkennung

AD(H)S-Kinder erleben häufig negative Rückmeldungen und haben ein ungünstiges Bild von sich selbst. Ihre Selbstmeinungen sind oft sehr hinderlich für ihre weitere Entwicklung. Ausreden können Erwachsene ihnen diese schlechte Meinung über sich selbst zwar nicht; sie können ihnen aber helfen, langsam Schritt für Schritt auch positive Bilder in ihr Selbstbild zu integrieren.

Gehen wir zurück zu Nadine. Nadine erfährt im Unterricht Tag für Tag, dass sie stört und nichts kann. Dementsprechend verhält sie sich auch: Sie stört und beteiligt sich nicht am Unterricht. Dasselbe geschieht zu Hause. Auch hier hört sie hauptsächlich Kritik. Ihre Eltern schimpfen viel und gehen immer wieder stark auf ihr störendes Verhalten ein.

Eltern können Brücken bauen

Echte Wertschätzung und aufrichtiges Lob der Eltern werden Nadine helfen, ihr schlechtes Bild von sich selbst zu revidieren. Die große Schwierigkeit bei allen nachfolgenden Übungen ist, dass die Beziehung zwischen Eltern und Kind häufig nicht mehr auf gegen-

Der pädagogische Zweischritt

Erster Schritt: Einfühlen in die Situation und die Gefühle benennen.
Zweiter Schritt: Norm benennen und Grenze setzen.

Das Kind lernt dabei:

- Meine Gefühle und Gedanken sind in Ordnung, ich darf sie haben.

Aber:

- Ich darf nicht handeln, wie ich will. Ich muss mich an Regeln halten.

seitiger Akzeptanz und Wertschätzung beruht. Ohne echte Beziehungsarbeit nützen die besten Übungen nichts.

Entscheidend ist Ihre innere Haltung dem Kind gegenüber. Ein AD(H)S-Kind tritt in Konflikt zur Umwelt, um wahrgenommen zu werden. Eltern müssen bereit sein, ihm Beziehungsbrücken zu bauen und gemeinsam mit ihm an einer positiveren, tragfähigen Beziehung zu arbeiten.

Wertschätzend Grenzen setzen

Zu Hause und in der Schule muss ein AD(H)S-Kind klare Grenzen spüren. Dabei hilft es ihm, wenn seine Eltern Humor bewahren, ihm Zeit lassen und Regelungen vereinbaren, die es versteht und umsetzen kann. Die tragende Säule ist die Eltern-Kind-Beziehung.

Wenn es Ihnen gelingt, den pädagogischen Zweischritt, (siehe Seite 68), zu verinnerlichen, wird Ihr Alltag leichter.

Im Beispiel von Nadine könnte das in der Schule folgendermaßen aussehen:

Erster Schritt: einfühlen Nadine muss ernst genommen werden. Die Lehrerin sagt: »*Ich stell mir vor, dass du gerade überhaupt keine Lust hast zu rechnen und viel lieber etwas ganz anderes tun würdest!*«

Zweiter Schritt: Norm benennen Nadine wird eine Grenze aufgezeigt, und die Norm wird benannt. Die Lehrerin sagt: »*Ich erlaube aber nicht, dass du die Füße auf den Tisch legst! Jetzt ist Mathematik, und wir rechnen im Buch!*«

Meistens wird ein Nachspiel nötig sein! Nadine erfährt die Konsequenzen. Die Lehrerin sagt: »*Wenn du nicht anfängst zu arbeiten, dann musst du in der Freiarbeitszeit zehn Minuten nacharbeiten!*«

Zu Hause könnte sich Folgendes abspielen: Nadine will den Tisch nicht abdecken und lieber gleich rausgehen zum Spielen. Sie schreit und bockt ...

Erster Schritt: einfühlen Der Vater sagt: »*Du willst lieber gleich spielen gehen!*«

Zweiter Schritt: Norm benennen Der Vater zeigt ihr eine klare Grenze auf und benennt die Norm. Er sagt: »*Wir helfen im Haushalt alle mit! Du kannst erst in den Garten gehen, wenn wir gemeinsam den Tisch abgedeckt haben!*«

So könnte das Nachspiel aussehen Der Vater zeigt ihr die Konsequenzen ihres Verhaltens auf. Er sagt: »*Je länger du das Abdecken herauszögerst, desto weniger Zeit hast du, um im Garten zu spielen!*«

Die Methode des pädagogischen Zweischritts hat einen großen Vorteil: Das Kind bleibt in seinem Selbstwert unverletzt. Allein seine Handlung, nicht seine Persönlichkeit unterliegt einem Urteil.

So fördern Sie die Selbstakzeptanz Ihres Kindes

Ich kann das sowieso nicht! Mich mag eh keiner!

Kennen Sie solche Sprüche? Dann sollten Sie hellhörig werden und sorgsam gegensteuern. Versuchen Sie Ihrem Kind zu vermitteln, dass es wertvoll ist, so wie es ist. Aufrichtiges Lob und Anerkennung können AD(H)S-Kinder nie genug bekommen. Im Folgenden geben wir Ihnen einige Anregungen, wie Sie Selbstwertgefühl und Selbstbewusstsein Ihres Kindes auf vielfältige Weise spielerisch nähren können.

Aber Vorsicht: Gerade Kindern mit wenig Selbstbewusstsein fällt es schwer, sich auf solche Übungen einzulassen. Sie blocken oft ab. Deshalb ist es wichtig, zuerst mit einfacheren, »unverfänglichen« Übungen zu beginnen. Später können Sie schwierigere und emotional tiefergehende Übungen ausprobieren.

Das mag ich an dir

Viele Familien mit AD(H)S-Kindern geraten in einen negativen Kreislauf, indem sie sich hauptsächlich damit beschäftigen, was sie aneinander stört. Mit dieser Übung können Sie bewusst gegensteuern. Setzen Sie sich einmal in aller Ruhe zusammen und überlegen

Sie, was Sie aneinander mögen. Jedes Familienmitglied bekommt einen Zettel, auf den es seinen Namen schreibt. Jetzt wandern die Zettel reihum, und alle schreiben Komplimente darauf, die sie diesem Familienmitglied machen möchten. Zum Schluss werden die Komplimente laut vorgelesen.

Wir sagen uns etwas Nettes

Alle Mitspieler überlegen sich, welche positiven Erlebnisse sie mit anderen verbinden. Auch hier ist das Ziel des Spiels die Förderung der Selbstakzeptanz und Sozialkompetenz.

So führen Sie das Spiel ein: *»Heute möchte ich euch ein Spiel vorstellen, bei dem es darum geht, sich und anderen eine Freude zu machen. Als Erstes darf jeder erzählen, wann und wie er in letzter Zeit einem anderen eine Freude gemacht hat. Das kann die beste Freundin, der beste Freund, die Mama oder der Papa oder sonst jemand gewesen sein.«*

Beginnen Sie selbst mit einem Beispiel: *»Ich habe gestern der Oma gesagt, dass mir ihr selbst gebackener Kuchen ganz wunderbar geschmeckt hat! Sie hat gelächelt, und ich glaube, sie hat sich darüber gefreut.«*

Jetzt sind die anderen an der Reihe und berichten nacheinander ihre persönlichen Beispiele.

Und so geht es weiter:

»Jetzt berichtet jeder von einem Erlebnis mit einem Familienmitglied. Das kann auch etwas sein, das dir im ersten Moment gar nicht aufgefallen ist; eine Kleinigkeit, mit der jemand dir gezeigt hat, dass du ihm wichtig bist.« Idealerweise fängt ein Elternteil mit dem AD(H)S-Kind als Beispiel an. *»Ich habe mich gestern sehr gefreut, als Nadine mir beim Aufräumen geholfen hat!«*

Nun berichten alle der Reihe nach.

Dieses Spiel kann auch in größeren Kindergruppen oder im Unterricht gespielt werden. Dabei erhält immer ein Kind die Komplimente der anderen. Es darf sich dann auf den *Nette-Worte-Stuhl* setzen und hört, worüber sich die anderen Kinder bei ihm gefreut haben. Die netten Worte können dabei laut gesagt oder ins Ohr geflüstert werden.

Diese Spielvariante kann aber nur in sozial kompetenten Gruppen gespielt werden. Ausschlaggebend ist dabei, wie das AD(H)S-Kind in der Gruppe akzeptiert wird. Steht es bereits in einer starken Außenseiterposition, ist das Spiel nicht geeignet.

An die Gesprächsrunde können sich folgende Fragen anschließen:

- Wie war das Spiel für mich?
- Wie wirken freundliche Worte?
- Über wen freue ich mich besonders?
- Ich nehme mir vor, heute jemandem etwas besonders Freundliches zu sagen.

Mein Plakat – ein Malspiel

Jeder Mensch hat Fähigkeiten und Eigenschaften, die aus ihm eine einzigartige Persönlichkeit machen. Niemand auf der Welt hat nur negative Eigenschaften; niemand wird nur durch eine einzige Sache charakterisiert.

Wie Sie bereits wissen, besteht in Familien mit AD(H)S-Kindern die Gefahr, den Schwerpunkt im Umgang miteinander auf den schwierigen Verhaltensweisen zu belassen. Mit diesem Spiel können Sie Ihrem Kind bewusst machen, dass es viele positive Eigenschaften besitzt. Helfen Sie ihm, sich auch von diesen Seiten wahrzunehmen, und lassen Sie nur Positives gelten!

Ihr Kind erhält ein Plakat, auf dem es sich selbst darstellen soll. Besprechen Sie mit ihm vorher die Zeichenaufträge.

- Zeichne etwas, was du besonders gut kannst!
- Zeichne etwas, was du gerne tust!
- Zeichne etwas von dir, worauf du stolz bist!
- Zeichne etwas, was du nicht gerne tust!

Jüngere Kinder können auch folgende Themen zeichnen:

- Lieblingstier
- Lieblingsfarbe
- Lieblingsessen
- Lieblingsbeschäftigung

So können Sie hinterher mit Ihrem Kind über das Spiel sprechen.

- Was fiel dir leicht? Wozu ist dir sofort etwas eingefallen?
- Was war eher schwierig?
- Was findest du an anderen Plakaten besonders interessant?

Würdigen Sie das Plakat! Lassen Sie es sich ausführlich erklären und hängen Sie es an einem besonderen Platz auf. Das Plakat gibt Anregungen für gemeinsame Aktivitäten mit Ihrem Kind.

Als Spielvariation für die ganze Familie eignet sich das Thema: Wir entwerfen unser Familienwappen!

Gemeinsam statt einsam

Die *Pizzamassage* ist ein Entspannungsspiel für mindestens zwei Spieler.

Im Alter von etwa sieben Jahren ist für Kinder die Abgrenzung von Mama und Papa ein wichtiges Thema. Gemeinsames Kuscheln gilt bei ihnen oft als »uncool«, obwohl das Bedürfnis danach noch groß ist. Die Verpackung in ein Spiel erlaubt es dem Kind, Berührungen zuzulassen. Spielerisch fördern Sie dabei auch seine Körperwahrnehmung.

Einer liegt entspannt auf dem Bauch, der Partner setzt sich neben ihn und massiert den Rücken nach folgendem Beispiel: *» Wir wollen heute eine Pizza backen. Dafür brauchen wir einen Teig. Zuerst kommt das Mehl* (imaginäres Mehl auf den Rücken rieseln lassen), *dann brauchen wird noch Öl* (›Öl‹ auf dem Rücken verteilen), *Salz und Pfeffer. Nun wird der Teig gut durchgeknetet* (den ganzen Rücken massieren, oben an den Schultern, vorsichtig die Wirbelsäule entlang). *Nun wird er ausgerollt* (mit flacher Hand den Rücken entlangstreichen) *und auf das Backblech gelegt. Eine Pizza braucht natürlich auch noch einen Belag! Die Tomatensauce muss bis in alle Ecken verteilt werden* (Rücken sanft ausstreichen). *Jetzt belege ich die Pizza mit Schinken und Oliven, streue Käse darüber und würze noch einmal nach* (den Rücken ›belegen‹ und weiter massieren). *Zum Schluss wird die Pizza in den Ofen geschoben* (den Rücken gut ausstreichen).«

Danach ist Ihr Kind an der Reihe. Es »bäckt« auf Ihrem Rücken eine Pizza. Vielleicht wird es Ihre Anleitung übernehmen, vielleicht variieren. Entscheidend ist nicht, dass es perfekt massiert, sondern dass bei diesem Spiel ein liebevoller und rücksichtsvoller Umgang mit dem anderen stattfindet. Dieser darf jederzeit Rückmeldung geben, wenn ihm etwas unangenehm ist.

Sie können das Spiel variieren. Kinder haben oft wunderbare, fantasievolle Ideen.

- Wir backen einen Kuchen!
- Wir backen Plätzchen!
- Wir sind Zoowärter und waschen heute das Nilpferd (mit Wasser bespritzen, gut einseifen, abbürsten, abduschen, mit dem Handtuch trocken rubbeln …)!

Gefühle bewusst erleben

AD(H)S-Kinder haben oft große Schwierigkeiten, ihre eigenen Gefühle richtig wahrzunehmen. Die Gefühle der anderen zu verstehen fällt ihnen deshalb besonders schwer. Gestik und Mimik ihrer Mitmenschen deuten AD(H)S-Kinder oft nicht richtig. Sie fühlen sich schnell bedroht oder angegriffen, auch wenn dies objektiv gesehen nicht der Fall ist.

Bei den folgenden Spielen geht es um die Wahrnehmung von Gefühlen. Dafür werden die Gefühlskarten gebraucht, die auf Seite 75 abgebildet sind.

AD(H)S-Kinder und ihre Gefühle

Fördern Sie Ihr Kind im Umgang mit anderen! Achten Sie dabei auf
- seinen Umgang mit den eigenen Gefühlen und
- die bessere Einschätzung der Gefühle anderer Kinder.

Gefühlsdetektive

Jedes Familienmitglied erhält die Gefühlskarten, die die Gefühle *traurig*, *glücklich*, *ärgerlich* und *wütend* ausdrücken. Ihre Kinder versuchen, die Gesichter den Gefühlen zuzuordnen. Anschließend finden Sie gemeinsam Beispiele zu den entsprechenden Gesichtern.

Anschließend werden unterschiedliche Situationen vorgelesen. Jeder überlegt, welches Gefühl bei ihm in der Situation entstehen würde, und hebt die entsprechende Gefühlskarte hoch. Nun wird verglichen, ob sich alle für die gleiche Gefühlskarte entschieden haben. Haben Teilnehmer unterschiedliche Karten gewählt, werden die Gründe dafür besprochen. So kann der Satz »*Morgen gehen wir*

alle zusammen ins Schwimmbad!« ganz unterschiedliche Gefühle auslösen. Ihr Kind freut sich, dass es endlich einmal wieder zum Schwimmen gehen darf. Der große Bruder dagegen würde sich lieber mit seinen Freunden treffen. Papa geht nicht gerne schwimmen, er würde lieber wandern, und Mama findet ihre Idee eines gemeinsamen Ausflugs großartig …

Auch dieses Spiel können Sie variieren, indem Sie die Beispiele so ändern, dass sie auf Ihre Familie zutreffen, aber nicht unbedingt die Konfliktherde thematisieren.

- Bald ist Weihnachten!
- Morgen ist Sonntag und wir gehen in die Berge!
- Heute gibt es Spaghetti zum Mittagessen!
- Wir schaffen uns einen Hund als Haustier an!
- Im Urlaub fahren wir nach Italien ans Meer!
- Morgen ist Schulfest!
- Morgen wird es ganz heiß und sonnig!

So können Sie anschließend über das Spiel sprechen:
- Werden unterschiedliche Gefühle gezeigt?
- Welche Gründe gibt es für unterschiedliche Gefühle in derselben Situation?

Dieses Spiel eignet sich auch für größere Kindergruppen oder den Unterricht. Versuchen Sie z.B. folgende Themen:
- Deine Mama nimmt dich mit zum Einkaufen.
- Deine Freundin geht mit einer anderen Freundin ins Kino.
- Wir spielen heute Ball.
- Es regnet.
- Morgen hast du Geburtstag.
- Du bekommst ein Buch geschenkt.
- Du ziehst mit deiner Familie in eine andere Stadt.
- Du bekommst ein Meerschweinchen als Haustier.
- Du hast dich mit deinem besten Freund gestritten.
- Du bekommst einen Liebesbrief.

So kann das Spiel weitergehen:

Zusätzlich zu den oben genannten Gefühlskarten erhält jedes Kind die »Gefühlsskala«.

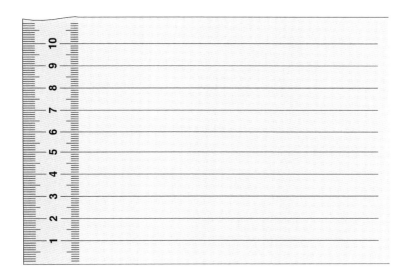

Sie klären im Gespräch, dass Gefühle unterschiedlich stark ausfallen. Besprechen Sie Situationen, in denen alle Familienmitglieder und vor allem die Kinder beispielsweise einmal

- sehr wütend,
- etwas wütend oder
- nur ein bisschen wütend waren.

Lesen Sie die einzelnen Situationen vor. Die Mitspieler entscheiden sich für ein Gefühl, schreiben es auf und bestimmen dessen Intensität (stark, mittel, schwach). Anschließend werden die Ergebnisse im Gespräch verglichen.

Diese Situationen eignen sich:

- Ich habe beim Uno-Spielen verloren.
- Ein anderes Kind hat mich beim Anstellen geschubst.

- Mein Hase ist gestorben.
- Wir fahren in den Ferien nach Italien.
- Ich habe meine Hausaufgaben vergessen.
- Ein Freund hat mich nicht zu seinem Geburtstag eingeladen.
- Wir fahren ins Schullandheim.
- Meine Mama hat mich angeschrien.
- In der Pause hat sich jemand über mich lustig gemacht.
- Wir setzen uns im Klassenraum um.
- Ich habe kein Taschengeld bekommen.
- Ich darf ins Kino gehen.
- Meine Lehrerin hat mich gelobt, weil ich keinen Fehler gemacht habe.

So können Sie anschließend über das Spiel sprechen:

Für welches Gefühl hast du dich entschieden? Warum? Waren die Gefühle bei allen gleich stark? Warum haben sich die Gefühle in ihrer Stärke unterschieden?

Was tun, wenn man vor Ärger platzt?

Wie Sie schon unter *Wertschätzend Grenzen setzen* auf Seite 69 gelesen haben, ist ein wichtiges Erziehungsziel der Umgang mit negativen Emotionen. Gerade AD(H)S-Kinder erleben Wut und Aggressionen anderen gegenüber oft sehr impulsiv und unkontrolliert. Sie müssen lernen, dass es zwar in Ordnung ist, »Wut im Bauch zu haben«, dass sie sie aber nicht an anderen auslassen dürfen. Wir zeigen Ihnen drei hilfreiche Methoden.

Auszeit nehmen Die einfachste Lösung bei Wut im Bauch ist: Rückzug statt Angriff!

Bieten Sie Ihrem Kind eine Möglichkeit zum Rückzug, wenn es sich von seinen Emotionen überwältigt fühlt. Eine räumliche Trennung (z. B. das Kinderzimmer, eine Kuschelecke, ein kleines Spielzelt oder eine selbst gebaute Höhle) hilft meistens, wieder ruhiger zu werden.

Zauberformel und Helfertier Ihr Kind kann lernen, seine Aggressionen besser zu kontrollieren. Denken Sie sich gemeinsam mit ihm eine Zauberformel aus, die ihm in der nächsten Zeit hilft, nicht mehr so heftig »auszurasten«. Beispiele hierfür sind:

Nur Mut, weg mit meiner Wut!

Lirum larum Löffelstiel, meine Wut ist mir zu viel!

Ene, mene Miste, ab mit meiner Wut in die Kiste!

Oder geheimnisvolle Zauberworte wie *Maruan, mirasol* …

Ein kleines Tier (zum Beispiel eignet sich ein Stofftier, ein Holz- oder auch ein Plastikelefant) kann als Helfertier eingesetzt werden und dem Kind dabei beistehen, seine Wut nicht impulsiv an anderen auszulassen. Dem Tier sollte diese wichtige Aufgabe dabei mit einem kleinen Ritual übertragen werden, wobei es offiziell zum Helfer ernannt wird.

Frust aushalten Kommt Ihnen das bekannt vor? Sie haben schon keine Lust mehr zu spielen, weil es am Ende nur Streit und Ärger gibt. Verlieren ist gerade für AD(H)S-Kinder besonders schwer. Denn ein geringes Selbstwertgefühl zieht oft eine niedrige Frustrationstoleranz nach sich. Trotzdem ist es wichtig, dass das AD(H)S-

Balsam für die Seele Ihres Kindes

- Zeigen Sie Ihrem Kind möglichst oft, wie gern Sie es haben!
- Betonen Sie seine Fortschritte, auch wenn es nur kleine Schritte sind, und erkennen Sie seine Anstrengung an!
- Helfen Sie ihm, selbstständig zu werden, und überlassen Sie ihm möglichst oft Entscheidungen, die es selbst betreffen.
- Bedenken Sie: Nur aus Fehlern kann man lernen!
- Nehmen Sie sich Zeit füreinander.
- Versuchen Sie, das Positive zu betonen und auf schwieriges Verhalten nicht zu stark einzugehen.

Kind auch Erfahrungen mit negativen Gefühlen macht. Weisen Sie Ihr Kind bereits vor dem Spiel auf die Möglichkeit des Verlierens hin. Kinder gehen mit viel Elan an ein Spiel heran. Das negative Gefühl des Verlierens trifft sie dann völlig unvorbereitet. Deshalb können sie mit ihrem Frust nicht umgehen und reagieren aggressiv.

Unser Tipp: Stellen Sie vor Spielbeginn kleine Belohnungen in Aussicht. Einen Preis bekommt der Gewinner, einen kleinen Preis aber auch jeder Verlierer, der nicht ausflippt. Auf diese Weise lernt Ihr Kind nach und nach, auch mal zu verlieren.

Ich nehme mir Zeit für mein Kind: Gemeinsame schöne Zeit

Jedes Kind ist etwas Wertvolles und Besonderes.

Schenken Sie Ihrem Kind ganz bewusst täglich etwas Zeit, die Sie ausschließlich mit ihm verbringen. Da darf dann aber auch niemand stören – selbst Geschwister nicht, die natürlich auch ihre Exklusivzeit bekommen, und zwar täglich, notfalls nach einem anderen Rhythmus, der sich mit Ihrer zeitlichen Planung vereinbaren lässt. Es kommt darauf an, dass jedes Kind Sie als verlässlichen Partner erlebt.

Für diese Sonderzeit sind drei Regeln wichtig:

- Sie bestimmen, wann und wie lange diese Sonderzeit stattfindet (wenn viel los ist, reicht auch mal eine Viertelstunde).
- Ihr Kind darf aussuchen, was Sie mit ihm in dieser Zeit machen.
- Sonderzeiten werden eingehalten, sie dürfen nicht als Erziehungsmaßnahme gestrichen werden!

Probieren Sie es aus! Sie werden sehen, dass es Ihrer Beziehung guttut und dem Selbstbewusstsein Ihres Kindes auch! Und wenn es weiß, dass es diese festen Zeiten gibt, wird Ihr Kind sehr wahrscheinlich in der übrigen Zeit weniger Aufmerksamkeit fordern.

Extratipp: Kunst macht fit!

Kreativität fördert das Selbstwertgefühl. Kinder erleben sich beim Gestalten als produktiv und selbstwirksam und malen mit großer Begeisterung. Gerade AD(H)S-Kinder zeigen oft viel Spontaneität im Umgang mit Farben. Sie experimentieren gerne mit neuen Techniken und sind häufig besonders fantasievoll.

Nutzen Sie diese Stärke Ihres Kindes, und regen Sie es immer wieder zum freien Gestalten an. Hier ein paar Anregungen:

- Farbtöne selbst mischen => dazu brauchen Sie auf jeden Fall die Grundfarben Gelb, Rot und Blau.
- Malen mit Wachsmalkreiden => Wachsmalkreiden haften auf jedem Untergrund: Papier, Holz, Pappe oder Kunststoff.
- Tiere oder Fabelwesen aus Ton töpfern.

Das sollten Sie noch wissen:
Kreativität fördert das Selbstwertgefühl. Das Kind erlebt sich beim Gestalten als produktiv und selbstwirksam.

Das dritte Schuljahr:
Schule und Elternhaus als Erziehungsgemeinschaft

Zwischen den Eltern eines AD(H)S-Kindes und seiner Lehrerin herrscht oft dicke Luft. Das schadet dem Kind. Nur im Gespräch ist Konsens zu erreichen. Wenn Elternhaus und Schule an einem Strang ziehen, gewinnt das Kind die Gewissheit, den Erwachsenen wichtig zu sein.

Das ist heute passiert

Perspektive des Kindes	Perspektive der Lehrerin	Perspektive der Mutter
Ha, jetzt wird die Mama der Lehrerin sagen, dass ich gar nichts gemacht habe!	O nein, nicht schon wieder die Mama von Dominik. Jetzt wird sie mir wieder vorwerfen, wie ungerecht ich ihren Sohn behandelt habe. Und das um fünf Minuten vor acht! »Guten Morgen!«	Na, der sage ich heute meine Meinung. Was bildet sich die gute Frau überhaupt ein! Immer soll es mein Sohn sein. »Morgen, ich muss Sie unbedingt jetzt sofort sprechen!«
	Wie ich das hasse! Die Viertelstunde vor dem Unterricht wollte ich eigentlich noch zum Austeilen der Hefte verwenden.	»Sie haben Dominik gestern wieder an einen Einzelplatz gesetzt. Es würde mich doch sehr interessieren, warum. Angeblich, weil er gestört hat. Dabei hat er selbst zu mir gesagt, dass sein Nachbar der Störenfried war. Aber wer wird wieder weggesetzt, natürlich mein Sohn.«
Ja, genau, so ist es gewesen!	»Frau Meier, es ist jetzt wirklich ungünstig. Sie sehen doch ...« (andere Kinder stehen um die Lehrerin herum, um sie etwas zu fragen)	Typisch, beim Elternabend betont sie, wie wichtig es ist, Probleme zu besprechen. Jetzt will ich mit ihr sprechen, und sie ist genervt!
Eigentlich würde ich jetzt	Die weiß doch selbst nicht, was sich gehört. Kein	»Finden Sie es richtig, dass immer Dominik der Sünden-

Perspektive des Kindes	Perspektive der Lehrerin	Perspektive der Mutter
lieber spielen! Die reden über mich, beachten mich aber gar nicht.	Wunder, dass das Kind sich so aufführt! (es läutet zum Unterrichtsbeginn)	*bock für alles ist? Ich habe das Gefühl, dass er Ihnen gar nichts recht machen kann!«*
Die Lehrerin mag mich gar nicht! Immer sagt sie das! Dabei strenge ich mich ganz oft an, brav zu sein!	*»Welche Maßnahmen ich im Unterricht treffe, müssen Sie schon mir überlassen. Ich bestrafe Dominik nur, wenn er es verdient hat. Und jetzt würde ich gerne meinen Unterricht beginnen. Wenn Sie noch mal darüber sprechen wollen, lassen Sie sich einen Sprechstundentermin geben!«*	Sie hat überhaupt kein Verständnis. Typisch, Dominik ist schon in einer Schublade, und da kommt er nicht mehr heraus! Was bildet sich die eigentlich ein, mich hier so abzukanzeln! Das wird sie bereuen!

Hintergrundwissen

»Sie haben Dominik gestern wieder an einen Einzelplatz gesetzt. Es würde mich doch sehr interessieren, warum.« Mit dieser Aussage »überfällt« Dominiks Mutter die Lehrerin. Wer aber unter die Oberfläche schaut, entdeckt in ihrer kurzen Nachricht weitere Informationen. Sie erklären, warum dieses Gespräch zum Scheitern verurteilt ist.

Eine Nachricht, viele Botschaften

Sehen wir uns die an die Lehrerin gesendete Nachricht mit Hilfe moderner Kommunikationspsychologie genauer an! Welche Botschaften werden tatsächlich vom »Nachrichtensender« (in diesem

Fall die Mutter) zum »Nachrichtenempfänger« (Lehrerin) geschickt? Handelt es sich um eine oder um mehrere Botschaften, die die Mutter an die Lehrerin weitergibt?

Jede Nachricht enthält vier Botschaften. Die meisten Botschaften gelangen durch die Art und Weise, wie sie gesprochen werden, an den Nachrichtenempfänger. Durch Mimik und Gestik werden diese impliziten Botschaften oft verstärkt. Nehmen wir die Nachricht aus unserem Beispiel mit Hilfe dieser Kommunikationstheo-

Nachrichten senden und empfangen

Der Sender von Nachrichten teilt vier Botschaften mit.
- Er gibt Sachinformationen wieder.
- Er teilt etwas über sich mit.
- Er drückt aus, wie er den Empfänger sieht.
- Er versucht, den Empfänger zu beeinflussen.

Die impliziten Botschaften werden transportiert durch Mimik, Gestik und Tonfall des Nachrichtenempfängers. Sie müssen vom Empfänger »zwischen den Zeilen« gelesen werden.

Der Nachrichtenempfänger hat ein Ohr immer besonders weit offen. Das bevorzugte Ohr kann entweder besonders gut hören:
- was inhaltlich weitergegeben wird (Sach-Ohr) oder
- was die Nachricht über die Beziehung zwischen Sender und Empfänger aussagt (Beziehungs-Ohr) oder
- was die Nachricht über den Sender offenbart (Selbstoffenbarungs-Ohr) oder
- was die Nachricht bewirken soll (Appell-Ohr).

Hat der Empfänger das Ohr der Selbstoffenbarung weit offen, ist dies besonders förderlich für konfliktfreie Kommunikation. Außerdem ist es wichtig, die Sachebene nicht aus den Augen zu verlieren.

rie von Friedemann Schulz von Thun unter die Lupe! Sie enthält vier Botschaften an die Lehrerin:

- **Sachinhalt** Dominik wurde weggesetzt. Daran zweifelt weder die Lehrerin noch die Mutter.
- **Selbstkundgabe** Die Sprechweise der Mutter teilt der Lehrerin indirekt mit: Die Mutter ist wütend.
- **Beziehungshinweis** Die Mutter zweifelt die Maßnahme der Lehrerin an. Mit diesem Vorwurf zeigt sie, dass sie nicht viel von der Lehrerin hält.
- **Appell** Die Mutter wünscht, dass ihr Sohn von der Lehrerin gerecht behandelt wird. Diesen Wunsch spricht sie nicht aus.

Nachrichten haben ihre Tücken! Gerade darin liegt die Gefahr von Missverständnissen und Konflikten im Gespräch. Jeder kennt die Situation, dass etwas Gesagtes beim anderen ganz anders »ankommt«, als es eigentlich gemeint war. Es ist nicht selbstverständlich, dass der Empfänger hört, was wir meinen. Denn auch er kann die gesendete Nachricht auf unterschiedliche Art und Weise empfangen.

»Übersetzt« könnten die vier Seiten der Nachricht sich so anhören:

Inhalt
»Mein Sohn sitzt allein!«

Selbstoffen-barung
»Ich bin wütend!«

»Sie haben Dominik gestern wieder an einen Einzelplatz gesetzt. Es würde mich doch sehr interessieren, warum.«

Appell
»Behandeln Sie Dominik endlich gerecht!«

Beziehung
»Von Ihnen halte ich wenig!«

Eine Nachricht, vier Empfangsohren

Gehen wir zurück zu unserem Beispiel! Die Mutter sendet eine Nachricht, in der vier Botschaften stecken. Wie fasst die Lehrerin die Nachricht der Mutter auf? Welche Botschaft hört sie »heraus« oder was will sie »heraushören«? Auch der Empfänger hat vier verschiedene Möglichkeiten, Nachrichten zu empfangen. Er entscheidet intuitiv, auf welche Nachricht er reagieren will.

Sach-Ohr Reagiert die Lehrerin auf den Sachaspekt, könnte sie Folgendes antworten: »*Richtig, Dominik sitzt alleine. Warum glauben Sie, dass die Strafe ungerecht ist?*«

Beziehungs-Ohr Hört die Lehrerin auf dem »Beziehungs-Ohr« besonders gut, fühlt sie sich in ihrer erzieherischen Kompetenz angegriffen. Sie reagiert wie in unserem Beispiel: »*Das müssen Sie schon mir überlassen. Ich bin hier die Lehrerin.*«

Selbstoffenbarungs-Ohr Bei manchen Nachrichtenempfängern ist das Selbstoffenbarungs-Ohr besonders gut ausgeprägt. Diese Menschen stellen sich vorrangig die Frage: »*Was erfahre ich durch die Nachricht über den anderen?*« Eine Reaktion könnte in unserem Beispiel so formuliert werden: »*Sie sind wütend und enttäuscht.*«

Appell-Ohr Es gibt Menschen, die es immer allen recht machen wollen. Sie hören besonders gut auf dem Appell-Ohr. In diesem Fall würde die Lehrerin antworten mit: »*Wenn Sie meinen, dann setze ich Dominik wieder an einen Zweiertisch.*«
   Empfänger mit einem übergroßen Appell-Ohr sind meist wenig selbstbewusst. Sie haben oft kein »Rückgrat«, vor allem in Konfliktsituationen zu eigenen Entscheidungen zu stehen. Bei der kleinsten Gegenwehr fallen sie um und folgen dem Wunsch des Nachrichtensenders.

Die vier Empfangsohren noch einmal in aller Kürze:

Inhalt

»Dominik sitzt allein!«

Selbstoffen-barung

»Sie ist wütend und enttäuscht!«

»Sie haben Dominik gestern wieder an einen Einzelplatz gesetzt. Es würde mich doch sehr interessieren, warum.«

Appell

»Ich muss Dominik an eine Zweier-bank setzen.«

Beziehung

»Was bildet die sich ein. Ich bin hier die Lehrerin!«

Aktives Zuhören

Menschen, die besonders gut auf dem Selbstoffenbarungs-Ohr hören, gehen immer zuerst auf die Gefühle und Gedanken des Gegenübers ein, die sich hinter der Sachinformation verstecken. Das nennt man aktives Zuhören. Aus Äußerungen wie »*Ich finde Ihr Auftreten unmöglich!*« (eine Bewertung) wird beim aktiven Zuhören »*Sie sind sehr verletzt und machen sich große Sorgen um Ihr Kind*«. Das ist der erste Schritt, ein Gespräch ohne Kommunikationsstörungen zu führen.

Das Kind als Verlierer

Bei jeder gesendeten Nachricht liegt der Schwerpunkt auf einer der vier Botschaften. Genauso wird jede Botschaft auf einem der vier Ohren bevorzugt empfangen.

In unserem Beispiel legt die Mutter den Schwerpunkt auf den Appell: »*Behandeln Sie Dominik endlich gerecht!*« Die Lehrerin allerdings empfängt die Nachricht auf der Beziehungsebene und fühlt sich angegriffen. Gespräche, die hauptsächlich auf der Sachebene ablaufen, sind weniger konfliktanfällig.

Weil Lehrerin und Mutter auf unterschiedlichen Ebenen kommunizieren, sind beide unzufrieden. So gehen beide als Verlierer aus diesem Streitgespräch hervor. In diesem Fall gibt es neben ihnen noch einen Verlierer: Dominik. Wenn Eltern und Lehrerin falsch miteinander reden, trägt das Kind auf jeden Fall den größten Schaden davon.

Konflikte und ihre Ergebnisse

- Es gibt einen Gewinner und einen Verlierer.
- Es gibt zwei Verlierer.
- Es gibt zwei Gewinner.

Was zu tun ist

Dominiks Mutter wird nach dem abrupten Ende des Gesprächs noch wütender sein als vorher. Ein weiteres Gespräch kann sie sich momentan unter keinen Umständen vorstellen. Jetzt ist es wichtig, »Dampf abzulassen«, z.B. durch Sport. Auch hilfreich: Das Erlebte jemandem erzählen, der nichts mit der Lehrerin zu tun hat. Und auf keinen Fall impulsiv handeln, lieber eine Nacht darüber schlafen und dann überlegen:

- Gehe ich noch einmal zu dieser Lehrerin?
- Nehme ich eine Person meines Vertrauens zum nächsten Gespräch mit?
- Welcher Zeitpunkt ist günstig für ein sachliches Gespräch?
- Welche Fachkraft aus der Schule könnte vermitteln (z.B. Beratungslehrer, Schulpsychologe)?
- Wie kann ich in das nächste Gespräch einsteigen?
- Was ist mir für das nächste Gespräch besonders wichtig?

Das Gespräch mit der Lehrerin

Von der zweiten zur dritten Klasse wechselt in vielen Fällen auch die Lehrerin. Für AD(H)S-Kinder ist es wichtig, dass Bewährtes aus den ersten zwei Schuljahren fortgesetzt wird. Dazu gehören rechtzeitige Gespräche zwischen Eltern und Lehrerin. Andernfalls läuft das Kind Gefahr, gleich in den ersten Schultagen der dritten Klasse falsch behandelt zu werden, weil die Lehrerin nicht über die nötigen Informationen verfügt.

Wenn die Lehrerin von der bestehenden Problematik weiß, wird das Kind eher angenommen und nicht als »ungezogene Göre« »abgestempelt«. Je eher Sie mit der Lehrerin sprechen, umso sicherer können Sie Ihrem Kind die Unterstützung sichern, die es braucht. Außerdem können Lehrerin und Kind eine gute Beziehung aufbauen.

Gerade für AD(H)S-Kinder im Grundschulalter ist das lebensnotwendig. Sie leisten vieles nur »ihrer« Lehrerin zuliebe. Diese Chance muss genutzt werden! Sie ist unbezahlbar!

Das Gespräch mit der Lehrerin

- Geben Sie der Lehrerin alle Informationen über Ihr Kind, die sie braucht!
- Benennen Sie die Stärken Ihres Kindes!
- Einigen Sie sich auf gemeinsame Erziehungsgrundsätze!
- Besprechen Sie anhand der Erfahrungen der ersten beiden Schuljahre geeignete Maßnahmen für den Unterricht!
- Bilden Sie eine Erziehungsgemeinschaft mit der Lehrerin!

Äußere Bedingungen

Wichtig für jedes Gespräch ist ein angemessener äußerer Rahmen. Völlig ungeeignet ist die Zeit vor Unterrichtsbeginn, wie am Beispiel von Dominiks Lehrerin deutlich wurde. Elterngespräche zwischen Tür und Angel führen zu Stress. Konflikte sind vorprogrammiert. Dies alles kann leicht vermieden werden. Gehen Sie zu Beginn der dritten Klasse zur Klassenlehrerin und bitten Sie um einen Sprechstundentermin. Oder schreiben Sie Ihren Wunsch ins Hausaufgabenheft Ihres Kindes.

Kommt es bereits in den ersten drei Schulwochen zu einem Gespräch, erkennt die Lehrerin Ihr Engagement und lernt gleichzeitig die besonderen Bedürfnisse Ihres Kindes kennen.

So bilden Sie eine Erziehungsgemeinschaft

Gemeinsame Grundsätze geben dem Kind Halt und erleichtern der Erziehungsgemeinschaft »Lehrerin und Eltern« den Umgang mit dem Kind.

Im Beispiel von Dominik lag bereits ein Konflikt zwischen Mutter und Lehrerin vor, und diese wusste nichts von der AD(H)S-Problematik von Dominik. Für das erste Zusammentreffen von Mutter und Lehrerin ist das ungünstig. Wie auch diese Situation mit dem richtigen »Handwerkszeug« gemeistert wird, siehe Seiten 96 f.

Inhalte für das erste Gespräch

Die Lehrerin sollte möglichst umfangreiche Informationen von Ihnen bekommen. Dazu können gehören:

- wesentliche Inhalte der AD(H)S-Diagnose
- Erscheinungsformen der AD(H)S bei Ihrem Kind (Träumer, Zappler …)
- vorgeschlagene Maßnahmen vonseiten des betreuenden Arztes
- bisherige medikamentöse Behandlung Ihres Kindes
- eventuelle außerschulische Therapien
- familiäre Strukturen
- Erziehungsgrundsätze
- eventuell bestehende Belohnungssysteme
- Maßnahmen, die in den ersten beiden Schuljahren im Unterricht gut funktioniert haben

Positive Seiten benennen

Wichtig ist es, in diesem Gespräch auch die positiven Eigenheiten des Kindes zu benennen. Lenken Sie die Wahrnehmung der Lehrerin ganz bewusst auch auf die Stärken Ihres Kindes! So muss die Lehrerin nicht erst mühsam herausfinden, womit sie das Selbstbewusstsein Ihres Kindes stärken kann, und die Beziehung zwischen Lehrerin und Kind entwickelt sich von Anfang an positiv. Gerade bei Kindern im Grundschulalter ist dies wichtig.

So finde ich die richtigen Worte

Wie können wir so miteinander sprechen, dass beide Gesprächspartner sich wohlfühlen und keine Missverständnisse auftreten?

Die größte Gefahr liegt in der missverständlichen Formulierung von Nachrichten. Wenn Sie aber einige Grundregeln beachten, sind Sie auf der sicheren Seite und werden Ihre Anliegen so ausdrücken, dass sich der Nachrichtenempfänger nicht angegriffen fühlt.

Eine besonders sensible Phase ist der Beginn eines Gesprächs. Sie haben mit Ihrem ersten Satz die Chance, die »Tür« für ein Gespräch zu öffnen.

Folgende »Türöffner« haben sich bewährt:
- *»Ich brauche Ihren Rat.«*
- *»Schön, dass Sie sich so schnell für ein Gespräch Zeit genommen haben.«*
- *»Mir ist es ein großes Anliegen, gleich zu Beginn der dritten Klasse mit Ihnen zu sprechen.«*

Wenn Sie so oder ähnlich Ihr Gespräch eröffnen, kommt beim Nachrichtenempfänger die Botschaft an: *»Ich werde gebraucht und in meiner Kompetenz ernst genommen. Die Eltern sind zur Zusammenarbeit bereit.«* Solche Gedanken schaffen eine angenehme Atmosphäre und machen Ihr Gegenüber offen für weitere Gesprächsinhalte.

Wolfssprache und Giraffensprache

Im weiteren Verlauf des Gesprächs werden Sie nun Ihre Anliegen und Wünsche ansprechen.

Wichtig für jedes Gespräch ist es, auch die Sichtweise des Gesprächspartners im Blick zu haben. So ist ein achtsamer Umgang miteinander möglich. Das ist in einem geplanten, vorbereiteten Gespräch einfacher als in spontan geführten Gesprächen.

Auf der Basis von Carl Rogers' Prinzip der *Gewaltfreien Kommunikation* wurde von Marshall Rosenberg die *Giraffen- und Wolfssprache* entwickelt.

Wolfssprache Die Wolfssprache ist unberechenbar und verletzend. Symbolisch für diese Art der Kommunikation steht ein Tier, das versucht, seine Gefühle zu verstecken, und sich zeitweise aggressiv, aber auch schreckhaft verhält.

Nützliche und kontraproduktive Sprechweisen

Wolfssprache	Giraffensprache
■ benutzt Worte, die den anderen verletzen: »Ich möchte gerne einmal wissen, was das soll?«	■ schildert den Konflikt aus der eigenen Sicht: »Dominik kam gestern niedergeschlagen nach Hause. Er fühlt sich ungerecht behandelt. Für mich ist es schwer zu beurteilen, was vorgefallen ist.«
■ lässt keine Alternativen zu: »Dominik muss sofort wieder an seinen alten Platz zurückgesetzt werden, sonst werde ich mich beschweren!«	■ äußert die eigenen Wünsche: »Wie kann Dominik davor geschützt werden, dass er vor der ganzen Klasse bloßgestellt wird?«
■ ist sehr emotional, ohne das echte Gefühl zu benennen	■ schildert die eigenen Gefühle: »Ich bin sehr enttäuscht von Ihrem Verhalten.«

Die eigentlichen Gefühle werden bei der Wolfssprache unterdrückt, falsche Gefühle vorgegeben. Diese Sprache ist nicht ehrlich. Sie be- und verurteilt Verhalten nach Richtig oder Falsch. Menschen, die so sprechen, suchen oft bewusst Streit und schieben die Verantwortung auf andere ab. Sie lassen dem Gesprächspartner keine Wahl.

Giraffensprache Die Giraffe hat durch ihren langen Hals den Überblick. Sie geht achtsam mit anderen um und ist offen und freundlich.

Die Giraffensprache macht es leicht, miteinander zu reden. Sie bespricht mit dem anderen Konflikte, ohne ihn zu beleidigen. Die eigenen Gefühle werden dabei klar benannt. Auch werden die eigenen Erwartungen in Form von Bitten formuliert.

»Übersetzen« Sie die Wolfssprache in die Giraffensprache! (Lösungsvorschläge siehe Seite 126)

Wolfssprache	Giraffensprache
Entweder du hörst jetzt auf, mit dem Radiergummi herumzuspielen, oder ich mache mit dir keine Hausaufgaben mehr!	
Es ist unglaublich! Du hast in der Klassenarbeit schon wieder die letzten Aufgaben nicht gemacht. Kein Wunder, dass du eine Fünf hast!	
Jetzt stell dich nicht so an! Diese paar Rechnungen wirst du wohl noch schaffen!	

Das dritte Schuljahr

Übung: Welche Sprache wird gesprochen? Kreuzen Sie alle Giraffen-Sätze an! (Lösungsvorschläge siehe Seite 126)
Dominik fängt im Sportunterricht den Ball nicht, deshalb verliert seine Mannschaft einen Punkt. Wütend setzt er sich auf die Bank und will nicht mehr mitspielen.

- Mitschüler: Typisch, dass du keinen Ball fängst! Du passt nie auf! Das nächste Mal wähle ich dich nicht!
- Dominik: Ich hab eh keine Lust, in eurer Mannschaft zu sein!
- Lehrerin: Du bist sauer, weil du nicht gefangen hast. Das verstehe ich.
- Dominik: Ich spiele nicht mehr mit!
- Lehrerin: Nach einem Fehler darfst du wütend sein. Mich stört aber, dass du dich nun weigerst, nach diesem Fehler weiterzuspielen. Ich möchte, dass du wieder mitspielst.

Im Gespräch bleiben

Durch regelmäßige Gespräche entwickelt sich gegenseitiges Verständnis. Die Erziehungsgemeinschaft lernt sich besser kennen und einander vertrauen. Regelmäßige Gespräche senden auch eine wichtige Botschaft an das Kind. Es spürt: »*Mama, Papa und meine Lehrerin kümmern sich um mich. Ich bin ihnen wichtig!*«
Das regelmäßige Miteinandersprechen sollte aber nicht nur der Beziehungspflege dienen. Wichtig ist auch, dass die getroffenen Vereinbarungen immer wieder auf ihren Erfolg hin gewissenhaft überprüft werden.

- Greift das Belohnungssystem für gemachte Hausaufgaben bei Dominik?
- Wie sieht die Umsetzung zu Hause aus?
- Wie gelingt es der Lehrerin, die vereinbarte Maßnahme umzusetzen?
- Schafft es Dominik vielleicht auch ohne Belohnungssystem?

All diese Fragen können im Gespräch geklärt werden. Wenn es nötig wird, verändern Sie einzelne Maßnahmen.

Konfliktgespräche

Nicht immer wird die Erziehungsgemeinschaft harmonieren. Kommt es in der Schule zu Maßnahmen, die Sie als Eltern nicht richtig finden, sollten Sie darüber mit der Lehrerin sprechen.

Auch solche »Problemgespräche« lassen sich auf der Basis einer vertrauensvollen Beziehung leichter führen.

Erzählt Ihnen Ihr Kind von einer »Bestrafung«, mit der Sie nach den Schilderungen Ihres Kindes nicht einverstanden sind, gehen Sie mit Bedacht vor! Gießen Sie kein »Öl ins Feuer«. In dieser Situation sollten Sie das Kind in seinen Gefühlen ernst nehmen, sich aber erst dann eine Meinung bilden, wenn Sie beide Seiten gehört haben. Das ist nicht leicht, aber es lohnt sich!

Dominiks Mutter hätte auf die Wut und Enttäuschung ihres Sohnes mit *aktivem Zuhören* (siehe Seite 88) reagieren können: »*Du bist traurig und enttäuscht, weil du an einem Einzelplatz sitzt und nicht weißt, warum. Ich werde gemeinsam mit deiner Lehrerin überlegen, wie wir dir helfen können.*«

In einem zweiten Schritt ist es sinnvoll, mit der Lehrerin einen Termin zu vereinbaren, um den Konflikt zu bereinigen. Gehen Sie in jedem Fall gut vorbereitet in das Gespräch.

Merkzettel für Konfliktgespräche

- Was ist der Grund für das Gespräch?
- Wie fühle ich mich als Mutter/Vater dabei? Wie fühlt sich mein Kind?
- Welche Erklärungen habe ich für das Verhalten meines Kindes?
- Was würde ich gerne verändern?

Strategie für Konfliktgespräche

Gesprächs-grund	Mutter	»Ich habe Sie um das Gespräch gebeten, weil Dominik mir gestern erzählte, dass er an einen Einzeltisch gesetzt worden ist.«
	Lehrerin	»Das ist richtig.«
Gefühle benennen	Mutter	»Dominik war traurig. Für ihn war die Strafe nicht nachvollziehbar. Mir würde es helfen, wenn Sie mir die Situation schildern, damit ich mit ihm reden kann. Ich habe Angst, dass er wieder Rückschritte macht.«
	Lehrerin	»Dominik konnte sich gestern kaum auf den Unterricht konzentrieren. Ich musste ihn ermahnen. Nach der dritten Ermahnung habe ich ihn an einen Einzeltisch gesetzt.«
Erklärung für das Verhalten	Mutter	»Nun ist für mich die Situation klar. Wissen Sie, Dominik hat AD(H)S. Für ihn waren die Ermahnungen wahrscheinlich nach kurzer Zeit wie weggeblasen.«
	Lehrerin	»Diese Information ist für mich ganz neu.«
Veränderungs-möglichkeiten	Mutter	»Könnten Sie ihm beim nächsten Mal deutlicher machen, dass er schon ermahnt wurde?«
	Lehrerin	»Ich werde Dominik drei Glassteine auf den Tisch legen. Für jede Ermahnung nehme ich einen weg. Nach der dritten Ermahnung muss er an einen Einzeltisch.«
	Mutter	»Ich bin sicher, das wird ihm helfen. Können Sie eine Notiz im Hausaufgabenheft machen, damit ich weiß, wie viele Glassteine Dominik bis zur Pause noch hatte?«

Gespräche mit dem Kind

Gehen wir davon aus, dass Dominiks Mutter mit der Lehrerin ein zweites, geplantes Gespräch geführt hat. Beide haben die Situation geklärt und geeignete Maßnahmen besprochen. Der Konflikt zwischen Elternhaus und Schule ist bereinigt.

Für Dominik ist die Situation indessen noch nicht geklärt. Er fühlt sich nach wie vor ungerecht behandelt. Nun ist es an der Zeit, Dominik in den Lösungsprozess einzubeziehen.

Das Kind zwischen allen Stühlen

Rufen wir uns noch einmal ins Gedächtnis, was passiert ist: Dominik fühlte sich ungerecht behandelt, weil er seine Störungen im Unterricht bereits wieder vergessen hatte (siehe Seiten 82 f.). Das Verhalten der Mutter bestätigte Dominik zunächst in seiner Wahrnehmung. Sie verteidigte ihn und gab damit indirekt seiner verzerrten Wahrnehmung recht. Zudem musste Dominik nach dem ersten »Tür-und-Angel-Gespräch« zwischen Mutter und Lehrerin den Eindruck haben: Mama und die Lehrerin reden über mich, aber nicht mit mir!

Zwei Gesprächsebenen

- Das »Erwachsenengespräch«: Mutter und Lehrerin klären in einem Gespräch Wesentliches (siehe Seiten 90–95).
- Das »Kindergespräch«: Nach dem Gespräch zwischen der Mutter und der Lehrerin muss auch Dominik alle Informationen bekommen, die für ihn wichtig sind.

Inhalte für das Gespräch mit dem Kind

Das Kind erfährt alle Gesprächsinhalte, die es direkt betreffen. Dominik sollte über folgende Punkte informiert werden:

Das dritte Schuljahr

Maßnahmen im Unterricht Ich bekomme drei Glassteine auf meinen Tisch. Für jede Ermahnung wird ein Glasstein weggelegt. Wenn der dritte Glasstein weg ist, werde ich an einen Einzelplatz gesetzt.

Regelmäßige »Erwachsenengespräche« Meine Mutter und die Lehrerin werden sich regelmäßig zu Gesprächen treffen. Sie überlegen zuerst gemeinsam, was mir helfen kann, in der Schule besser zurechtzukommen. Dann sprechen sie darüber mit mir.

Ist es zwischen der Lehrerin und den Eltern im »Erwachsenengespräch« zum Konflikt gekommen, dann bleibt dieser Konflikt auch dort. Im »Kindergespräch« haben diese Informationen nichts verloren. Konflikte werden auf der Ebene der Erwachsenen ausgetragen, niemals vor dem Kind! Das gilt im Übrigen auch, wenn sich Elternpaare in Erziehungsfragen nicht einig sind.

Äußere Bedingungen

Achten Sie darauf, dass Sie ungestört mit Ihrem Kind reden können! Besonders wichtig ist, dass Ihr Kind an diesem Tag »gut drauf« ist. Gab es am Vormittag in der Schule Schwierigkeiten oder ist Ihr Kind morgens bereits mit dem »falschen Bein« aufgestanden, verschieben Sie das Gespräch auf den nächsten Tag. Niemand ist bereit, Probleme anzupacken, wenn er nicht ausgeglichen ist!

Erwachsenen- plus Kindergespräche: Dabei gewinnen alle

An Dominik werden durch das »Kindergespräch« zwei wichtige Botschaften gesendet:

- Ich bin meiner Mutter und der Lehrerin wichtig, deshalb reden die beiden miteinander über mich und mit mir.
- Mama und meine Lehrerin halten zusammen. Wenn die Lehrerin in der Schule mich an einen Einzelplatz setzt, ist auch meine Mutter damit einverstanden.

Beides gibt Dominik Orientierung und Sicherheit. Gemeinsame Gespräche schaffen Vertrauen und intensivieren die Beziehung zwischen Kind und Lehrerin. Zusätzlich stärken sie die Erziehungsgemeinschaft zwischen Elternhaus und Schule.

So könnte miteinander gesprochen werden

»Türöffner«!	»Es ist mir sehr wichtig, dass wir miteinander reden.«
Was ist das Problem?	»Deine Lehrerin hat dich letzte Woche an einen Einzeltisch gesetzt. Du fandest das ungerecht. In dir war deswegen eine große Wut! Vielleicht steckt die Wut noch in dir?«
Worum geht es im Gespräch?	»Du weißt, dass ich gestern mit deiner Lehrerin darüber gesprochen habe. Sie sagte, dass sie dich nach drei Ermahnungen weggesetzt hat. Du hast die Ermahnungen vielleicht gar nicht gehört. Damit das nicht mehr passiert, haben deine Lehrerin und ich uns etwas für dich überlegt.«
Schlagen Sie eine Regel vor!	»Wir wissen beide, dass es für dich sehr anstrengend ist, im Unterricht aufzupassen und nicht zu stören. Damit du selbst erkennst, wie es damit klappt, legt deine Lehrerin dir jetzt jeden Morgen drei Glassteine auf den Tisch. Für jede Ermahnung wird ein Stein weggenommen. So siehst du immer, wie oft du schon ermahnt worden bist. Kannst du dir vorstellen, dass dir das hilft?«
Setzen Sie positive Konsequenzen fest!	»Wenn du bis zur Pause noch einen Glasstein hast, darfst du als Erster hinausflitzen.«
Setzen Sie negative Konsequenzen fest!	»Sobald du alle drei Glassteine verloren hast, wirst du an einen Einzelplatz gesetzt. Am nächsten Tag darfst du dich wieder neben deinen Nachbarn setzen.«

Das dritte Schuljahr

Ein Vertrag

Schreiben Sie gemeinsam mit Ihrem Kind die vereinbarten Regeln mit ihren negativen und positiven Konsequenzen auf! Das kann in Form eines Vertrags sein, den alle Vertragspartner (Lehrerin, Mutter, Kind) unterschreiben. Auch ein Plakat ist denkbar.

Nun ist es wichtig, dass Sie täglich die Ergebnisse mit Ihrem Kind besprechen!

Wir schließen einen Vertrag

Sebastian verspricht, folgende Regeln einzuhalten:

1. *Ich bereite am Morgen meinen Platz ordentlich vor.* o o o
2. *Ich melde mich im Unterricht und rufe nicht herein.* o o o
3. *Ich schreibe meinen Hefteintrag ordentlich.* o o o

Für jede Einhaltung einer Regel im Zeitraum *von 8.00 bis 9.00 Uhr* (vereinbarter Zeitrahmen) darf ein Punkt o angemalt werden.

Bei 5 Punkten erhält *Sebastian* folgende Belohnung:

Er darf sich im Sportunterricht ein Spiel aussuchen.

Werden die Regeln nicht eingehalten, dann muss *Sebastian* folgende Konsequenz tragen:

Er muss im Sportunterricht ein Spiel aussetzen.

Unterschriften:

_____   _____   _____
Kind   Eltern   Lehrerin

Ich nehme mir Zeit für mein Kind:
Gemeinsam spielen

Geschichtendomino Erzählen Sie Ihrem Kind den Anfang einer Geschichte! Entscheiden Sie gemeinsam, wo Sie erzählen wollen, und los geht's, z. B.: »*Eines Nachmittags machte sich ein kleiner Junge auf den Weg zum Fußballplatz. Von weitem sah er dort schon seine Freunde. Doch plötzlich …*« Brechen Sie an passender Stelle mitten im Satz ab. Nun ist Ihr Kind an der Reihe. Es erzählt weiter, bricht auch nach einigen Sätzen ab und gibt an Sie weiter. So entsteht eine lustige Geschichte.

Nächste Woche fahren wir ins Schullandheim.

Sabine geht jetzt in meine Klasse.

Mama kriegt ein Baby.

Papa ist nächste Woche nicht da.

Wir haben eine neue Lehrerin bekommen.

Ich sitze in der Schule jetzt neben Stefan.

Ich kriege jede Woche einen Euro Taschengeld.

Am Sonntag frühstücken wir immer gemeinsam um acht Uhr.

Meine Schwester ist heute nicht da.

Nächste Woche fängt die Schule wieder an.

Meine Haare sind ganz rot.

Das hätte ich von dir nicht erwartet.

Morgen haben wir später Schule.

In der Pause spielen alle Jungen immer Fußball.

Meine neuen Schuhe sind lila.

Meine Mutter hat mich zum Ballettunterricht angemeldet.

Geräusche raten Besorgen Sie sich eine CD mit Geräuschen und spielen Sie während langer Autofahrten ein Geräusch vor! Wer als Erster errät, was er hört, bekommt den Punkt.

Vorleseritual Führen Sie eine Vorlesezeit ein, abends 15 Minuten. Auch dabei sollten Sie und Ihr Kind ungestört sein, das müssen alle Familienmitglieder wissen! Geschwister kommen auch mal dran.

Stille Minute Eine Minute still daliegen und lauschen! Faszinierend, was da alles zu hören ist: die Amsel im Garten, ein vorbeifahrendes Auto, eine knarrende Tür, der Wind … Für AD(H)S-Kinder kann es eine Erholung sein, die Wahrnehmung auf ein Minimum zu reduzieren. Hilfreich ist eine nicht tickende Uhr, die Ihnen das Ende der Minute anzeigt. Dann erzählt jeder, was er gehört hat.

Stimme verändern Ziehen Sie abwechselnd einen Satzstreifen (siehe Seite 102) und sprechen Sie Ihren Satz traurig oder glücklich oder wie Sie mögen. Der andere Spieler muss raten, mit welchem Gefühl gesprochen wurde.

Extratipp: Musik macht fit!

Musik macht emotional stabiler und baut Aggressionen ab. Sie senkt den Spiegel von Stresshormonen, wenn sie dem Musikgeschmack des Zuhörers entspricht.*
Melden Sie Ihr Kind in einer Musikgruppe an, oder besuchen Sie eines der vielen Kinderkonzerte, die mittlerweile von professionellen Orchestern angeboten werden. Dazu gibt es oft auch passende Einführungsveranstaltungen, die Kinder an das Werk heranführen. Wenn Kinder frühzeitig den Zugang zu klassischer Musik erhalten, eröffnen sich für sie ganz neue Welten.

*Aus: *www.musik-osnabrueck.de/musik-osnabrueck/Sitar-Musik/Texte/Aerzteblatt.htm*

Die letzten Grundschuljahre: Vertrauen in die Zukunft

Die Entscheidung für eine Schulart ist für Eltern von AD(H)S-Kindern besonders schwer. Nutzen Sie fachkundige Beratung, und helfen Sie selbst Ihrem Kind, effektive Lern- und Arbeitsmethoden auszubilden. Jetzt kann es selbst schon bewusst auf seine persönlichen Stärken setzen und Schwachpunkte ausgleichen.

Das ist heute passiert

Perspektive des Kindes	Perspektive der Lehrerin	Perspektive der Eltern
Ich muss heute in Mathe eine Zwei schaffen ... Ich will aufs Gymnasium ... Ich will doch Ärztin werden ... Mein Bauch tut mir schon wieder so weh ... Jetzt teilt sie die Aufgaben aus ... Hoffentlich kommen auch die Sachaufgaben dran, die ich gestern geübt habe ...	Heute hat Manuela ihre letzte Chance, wenn sie den Übertritt auf das Gymnasium schaffen will. Auf 2,5 steht sie in Mathematik. Eigentlich kommt sie mir ja ganz fit vor. Ich wünsche ihr die Zwei in Mathe wirklich, wenn sie nur nicht immer so trödeln würde.	Ich bin furchtbar nervös. Manuela braucht unbedingt eine Zwei, um auf das Gymnasium gehen zu dürfen. Ich kann an gar nichts anderes denken. Ohne Abitur hat man doch heutzutage kaum eine Chance. Stundenlang haben wir geübt. Ganz blass ist das arme Kind schon, weil sie kaum noch an die frische Luft kommt.
Die Rechnungen gingen leicht. Aber ich habe nur noch 15 Minuten für die Sachaufgaben. Wie soll ich das denn schaffen? Also erst einmal lesen. Was ist jetzt wichtig? Das muss ich unterstreichen. Ich unterstreiche einfach mal alle Zahlen. Und jetzt? Die ersten Kinder sind schon	Die Rechenaufgaben am Anfang hat Manuela problemlos gemeistert. Wenn sie nicht so oft aus dem Fenster geschaut hätte, bliebe ihr jetzt mehr Zeit für die Sachaufgaben. Oje, sie sieht völlig ratlos aus! Jetzt fängt sie wieder an, alles bunt im Text zu unterstreichen. Das habe ich doch so oft mit	Dabei hat sie bei dem Test vom Schulpsychologen so gut abgeschnitten. Einen IQ von 114 hat sie. Das ist oberer Durchschnitt. In manchen Bereichen hat sie sogar überdurchschnittliche Werte. Dafür hatte sie in anderen Bereichen wieder völlige Ausfälle. Zahlenfolgen, so ähnlich wie Telefonnummern, konnte sie sich z. B. überhaupt nicht merken.

Perspektive des Kindes	Perspektive der Lehrerin	Perspektive der Eltern
fertig und geben ab. Ich probiere die nächste Aufgabe. Noch mehr Zahlen! Was könnte ich denn da unterstreichen? Welche Farbe nehme ich diesmal? Wo ist mein Lineal?	ihr besprochen. Was kramt sie denn ewig in ihrer Schultasche? Bei der Arbeitshaltung ist es vielleicht auch vernünftiger, wenn sie trotz guter Intelligenz nicht das Gymnasium besucht.	Hoffentlich hat sie heute in der Mathearbeit nicht auch wieder so einen Durchhänger. Die Hälfte der Aufgaben löst sie wunderbar, und dann geht plötzlich gar nichts mehr, und sie schreibt nur noch wirres Zeug.
Gleich ist die Zeit um, schnell noch was hinschreiben. Sonst lachen wieder alle. So, und schnell abgeben, damit ich nicht die Letzte bin.	Manuela gibt ab, das darf doch nicht wahr sein. Warum nutzt sie denn die letzten Minuten nicht? Ich weiß mir wirklich keinen Rat mehr.	Was soll ich machen, wenn sie wieder heulend nach Hause kommt? Trösten? Weiter üben? Aufgeben? Mein Mann will schon gar nichts mehr mit dem leidigen Thema zu tun haben.

Hintergrundwissen

In den meisten Bundesländern steht nach der vierten Klasse der Wechsel in eine andere Schulart bevor. Durch die frühe Aufteilung der Schüler auf Hauptschule, Realschule und Gymnasium wird ein enormer Druck auf Eltern, Kinder und auch Lehrkräfte ausgeübt. Dies führt oft dazu, dass Eltern mit ihrer gut gemeinten Förderung die Kinder überfordern.

Manuelas Mutter ist völlig verunsichert. Sie erlebt ihre Tochter als wissbegierig, aufgeweckt und kreativ. Manuela vertieft sich in naturkundliche Bücher und kann sich sprachlich gut ausdrücken. In Prüfungssituationen kommt es jedoch seit Beginn der vierten Klasse immer häufiger zu regelrechten Blackouts.

Die letzten Grundschuljahre

Intelligenz und Schulerfolg

Die menschliche Intelligenz ist in Teilbereichen messbar. Ein Intelligenztest ermittelt deshalb in verschiedenen Untertests einzelne Fähigkeiten, z.B. Sprachverständnis, logisches Denken und räumliches Vorstellungsvermögen. Als Gesamt-IQ (= Intelligenzquotient) wird der Durchschnitt aus den Untertests berechnet.

Der IQ

Stellen Sie sich ein Thermometer vor, das Intelligenz misst:

- Die Mitte wurde bei 100 festgelegt. Das heißt, ein IQ von 100 entspricht exakt dem Durchschnitt. Als Durchschnittsbereich gelten Werte zwischen 85 und 115 IQ-Punkten.
- Unter 85 liegt der unterdurchschnittliche Bereich. Menschen mit diesen Werten sind auf besondere Förderung angewiesen.
- Menschen mit Werten über 115 gelten als überdurchschnittlich begabt.
- Von Hochbegabung spricht man frühestens ab einem IQ von 130.

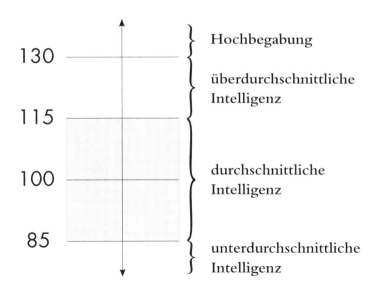

Intelligenz allein garantiert keinen Schulerfolg

Wäre Intelligenz der einzig ausschlaggebende Faktor, so könnte man anhand unseres IQ-Thermometers ganz leicht die Schullaufbahn vorhersagen. Manuela hätte mit ihrem Wert von 114 gute Chancen auf einen höheren Schulabschluss. Es gibt aber auch Hochschulabsolventen mit einem IQ von 105 und Lagerarbeiter mit einem IQ von 120. Bei Kindern mit AD(H)S bewirken Defizite z. B. bei der Konzentration, dass eine gute Begabung oft nicht im Schulerfolg sichtbar wird. Es kann sogar sein, dass kein objektiver IQ-Test möglich ist, weil das Kind nicht die nötige Aufmerksamkeit aufbringt. Bei Manuela kommt noch hinzu, dass ihr die emotionale Stabilität fehlt. Sie leidet unter Stress und Prüfungsangst.

Teilbereiche der Intelligenz

Erreicht jemand in allen Aufgaben eines Intelligenztests etwa gleich gute Werte, zeigt er ein homogenes Intelligenzprofil. Stellen Sie sich alle Teilbereiche als Glieder einer Kette vor. Ein Mensch mit einem homogenen Intelligenzprofil kann sich auf seine »Intelligenzkette« verlassen. Er fühlt sich meist leistungsstark und entwickelt ein gesundes Selbstbewusstsein.

Schwanken die Werte in den einzelnen Untertests sehr, so besteht die Kette aus unterschiedlich starken Gliedern. Man spricht von einem schwankenden oder heterogenen Intelligenzprofil.

Ein schwankendes Intelligenzprofil verunsichert

Menschen mit einem heterogenen Intelligenzprofil sind oft verunsichert. Bei Aufgaben, die die starken Glieder ihrer Kette ansprechen, erleben sie sich als leistungsstark. Sobald sie die schwachen Glieder benutzen müssen, versagen sie und wissen nicht, warum. Manuela z. B. löst problemlos Rechenaufgaben, scheitert aber bei Sachaufgaben, weil bei deren Lösung viele Glieder ihrer »Intelligenzkette« zusammenarbeiten müssen. Sie muss lernen, ihre »Intelligenzkette« so zu benutzen, dass sie nicht reißt. Wenn sie Erfolg hat, wird sie auch wieder Vertrauen in ihre Leistungsfähigkeit gewinnen.

Wichtige Faktoren für Lernerfolg

- Motivation und Anstrengungsbereitschaft
- Kreativität
- Konzentration und Ausdauer
- effektive Lern- und Arbeitstechniken
- Förderung
- emotionale Stabilität

Was zu tun ist

Manuela wird frustriert von der Schule nach Hause kommen. Durch einfühlsames Zuhören kann die Mutter ihr helfen, das Erlebte zu verarbeiten.

Eine entspannende Aktivität, z.B. ein kleiner Ausflug, kann Manuela von dem erlebten Misserfolg ablenken. Bestimmt gibt es etwas, was sie besonders gut kann, z.B. Tennis, Basteln, Malen, Schach spielen … Wenn sie sich dafür an diesem Nachmittag Zeit nehmen darf, kann sie sich von dem Misserfolg schnell erholen. Auf keinen Fall darf an diesem Nachmittag schon wieder Mathematik geübt werden! Ein überlasteter Kopf, der kaum zum Verschnaufen kommt, glüht irgendwann nur noch! Wenn das erste Feuer gelöscht ist, können Manuela und ihre Eltern versuchen, langfristig Manuelas Lernverhalten zu ändern.

Nützliche Lernmethoden

Zum Thema »das Lernen lernen« gibt es viel Literatur, und in Instituten oder Volkshochschulen werden Kurse angeboten. Für Kinder mit AD(H)S sind die Tipps allerdings oft zu umfangreich und

»Das Lernen lernen«

- Wer sich zu große Portionen auf einmal vornimmt, wird Probleme mit der Verdauung haben! Portionieren Sie den Lernstoff für Ihr Kind in sinnvolle Einheiten!

- Jeden Tag zehn Minuten üben hat mehr Effekt als einmal in der Woche 60 Minuten! Die Einheiten müssen deshalb gleichmäßig über die Woche verteilt werden.

- Wichtige Grundlagen, zum Beispiel das Einmaleins, muss Ihr Kind regelmäßig wiederholen, um sie im Langzeitgedächtnis zu verankern.

- Achtung! Du behältst:
  20 % von dem, was du gehört hast,
  30 % von dem, was du gesehen hast,
  50 % von dem, was du gehört und gesehen hast,
  70 % von dem, worüber du selbst gesprochen und was du anderen erklärt hast, und
  90 % von dem, was du ausprobiert und erlebt hast.

- Wer sich vielfältig mit dem Lernstoff auseinandersetzt, verankert das Gelernte besser im Gedächtnis.

- Wer sich beim Lernen anstrengt, braucht einen Ausgleich in der Freizeit, zum Beispiel Sport.

- Man ist nur so gut, wie man sich erholt hat!

- Jede Prüfung muss rechtzeitig vorbereitet werden. Am Tag vor der Prüfung geht es nur noch um Entspannung. Wer sich kurz vorher noch mit Wissen vollpumpt, riskiert schlechten Schlaf und Nervosität. Sein Kopf hat keine Zeit, das Wissen zu verarbeiten, und streikt im schlimmsten Fall in der Prüfungssituation komplett: Es kommt zum Blackout.

unübersichtlich. Abwechslungsreichtum ist für viele Kinder motivierend. AD(H)S-Kinder werden davon aber oft überfordert und verwirrt. Wählen Sie deshalb gemeinsam mit dem Kind maximal zwei bis drei Lerntechniken aus. Einige Grundsätze gelten aber für alle Kinder (siehe Kasten auf Seite 110).

Manuela könnte zum Beispiel mit ihrer Mutter gemeinsam einen Übungsplan für die nächste Mathearbeit aufstellen. Aus ihrem Mathebuch kann sie aktuelle Sachaufgaben entnehmen. Eine Übungseinheit sollte etwa zehn bis 20 Minuten umfassen und aus zwei Sachaufgaben bestehen. Es ist sinnvoll, jeweils eine neue Sachaufgabe zu erarbeiten, wobei sie eventuell Hilfe in Anspruch nehmen darf. Außerdem soll sie eine bekannte Sachaufgabe ohne Hilfe der Mutter noch einmal rechnen.

Drei solche Übungseinheiten pro Woche bzw. vor einer anstehenden Mathearbeit sind völlig ausreichend. Hausaufgaben und zusätzliche Übungseinheiten müssen sinnvoll über die Woche verteilt werden.

Regeln für die Hausaufgaben- und Lernzeit

- Ich bereite meinen Arbeitsplatz ordentlich vor.
- Ich lege fest, in welcher Reihenfolge die Aufgaben erledigt werden, und trage sie in den Wochenplan ein.
- Ich darf während der Arbeitszeit nicht telefonieren, Radio hören oder fernsehen.
- Nach jedem Arbeitsabschnitt mache ich drei Minuten Pause: gehe zur Toilette, trinke eine Apfelschorle, springe ein paar Mal auf dem Trampolin oder mit dem Springseil.
- Ich trage die benötigte Zeit ein. Sie sollte in den ersten Grundschuljahren insgesamt höchstens 30 Minuten, in den letzten Grundschuljahren höchstens 60 Minuten betragen.
- Für jeden erfolgreich bewältigten Arbeitsabschnitt darf ich mir einen Punkt anmalen!

Als Belohnung für 20 Punkte erhalte ich: _____

Name: _____

Mein Wochenplan für die Woche vom _____ bis _____ (Datum)

Mein Mutspruch für diese Woche: _____ !

Wochen-tag	Montag	Dienstag	Mittwoch	Donners-tag	Freitag	Samstag
1. Haus-aufgabe						
2. Haus-aufgabe						
3. Haus-aufgabe						
Zusätz-liche Übung						
Benötigte Zeit						
Punkte für einge-haltene Regeln	o o o o	o o o o	o o o o	o o o o	o o o o	o o o o

Lesen mit vier Brillen

Die »Brillentechnik« kann z.B. Manuela helfen, ihr Defizit in der Merkfähigkeit auszugleichen und mit den komplexen Sachaufgaben fertig zu werden.

 Die »Überflieger-Brille« Um einen Überblick zu gewinnen, überfliege ich den Text zunächst grob. Es kommt darauf an, den Gesamtzusammenhang zu verstehen.

Die »Lupen-Brille« Nun lese ich den Text ganz genau, eventuell auch zweimal. Wenn es mir hilft, unterstreiche ich wichtige Stichpunkte.

 Die »Fragezeichen-Brille« Worum geht es? Habe ich alles verstanden? Auf welche Details will ich achten, wenn ich den Text noch einmal lese?

 Die »Schlaumeier-Brille« Jetzt weiß ich alles! Ich halte mir selbst einen Vortrag über den Text und wiederhole den Inhalt mit meinen eigenen Worten.

Diese Methode hilft nicht nur bei Sachaufgaben, auch zum Verständnis von Sachtexten trägt sie bei. Wer sich mit diesem Vorgehen vertraut macht, ist beim Lesen von komplexen Sachtexten, z.B. mit naturkundlichem oder geschichtlichem Inhalt, klar im Vorteil.

Spickzettel und selbst gestellte Testaufgaben
Für Kinder mit AD(H)S ist die Vorbereitung auf Prüfungen in so genannten »Lernfächern«, z.B. Biologie, Geschichte oder Erdkunde, oft eine Strapaze.

Schneller und mit mehr Spaß kommt Ihr Kind mit der »Spickzettel-Methode« zum Ziel. Kennen Sie das nicht auch aus Ihrer Schulzeit? Als Sie Ihren Spickzettel fertig hatten, merkten Sie, dass Sie ihn eigentlich nicht mehr brauchten: So intensiv hatten Sie sich mit dem Stoff beschäftigt.

Geben Sie also Ihrem Kind den Auftrag, einen Spickzettel zu schreiben und gut zu überlegen, was darauf stehen muss. Wenn Ihr Kind fertig ist, fragen Sie es ab. Sie werden sehen, dass es den Zettel zur Prüfung nicht mehr nötig hat. Zur Sicherheit kann die Merkhilfe über Nacht unterm Kopfkissen liegen.

Viel Vergnügen bereitet es Kindern auch, in die Rolle der Lehrerin zu schlüpfen. Regen Sie Ihr Kind dazu an, die Testaufgaben selbst zu entwerfen. Fast unbemerkt befasst es sich dabei gründlich mit dem Stoff. Vielleicht finden Sie als Eltern Zeit, die entworfene Arbeit zu schreiben. Mit Wonne wird Ihr Kind Ihr Können korrigieren – und sich dabei noch einmal mit dem Prüfungsstoff auseinandersetzen.

Mindmapping

Schreiben wir uns etwas auf, so ist vor allem die linke Gehirnhälfte aktiv. Beim Zeichnen ist dagegen vermehrt die rechte Hälfte angesprochen. Bei der Erstellung einer Mindmap arbeiten beide Gehirnhälften intensiv zusammen. Deshalb entwickeln manche Menschen dabei besonders viel Kreativität und setzen sich gründlich mit einem Themengebiet auseinander.

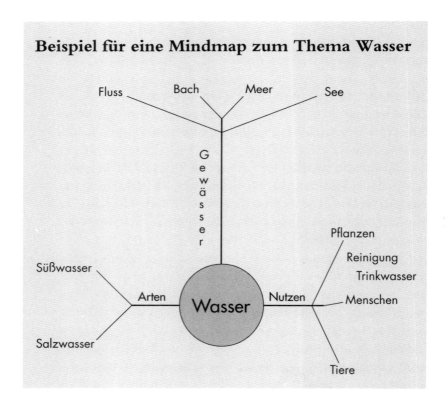

Beispiel für eine Mindmap zum Thema Wasser

Die letzten Grundschuljahre

So erstellt Ihr Kind eine Mindmap

Zuerst schreibt es das Thema in die Mitte eines großen Blattes und kreist es ein. Dazu malt es ein Bild. Anschließend notiert es um den Kreis seine Hauptgedanken (Oberbegriffe) zu dem Thema und zeichnet auch dazu jeweils ein kleines Bild. Die Hauptgedanken werden durch Hauptäste mit dem Zentrum verbunden.

Nun entwickelt Ihr Kind zu jedem Oberbegriff weitere Ideen. Diese werden als Unterbegriffe passend zugeordnet und mit Nebenästen verbunden. Mindmaps eignen sich hervorragend zum besseren Verständnis von komplexen Sachtexten, zur Vorbereitung auf ein Referat oder auch zur Ideensammlung für einen Aufsatz. Besonders gut kann mit ihnen gearbeitet werden, wenn Ihr Kind deutlich schreibt und verschiedene Farben sinnvoll einsetzt.

Lernen mit dem Karteikasten

Zum Einprägen von Vokabeln eignet sich eine Lernkartei. Dabei handelt es sich um ein Karteikastensystem, das Sie im Schreibwarenladen kaufen können. Meist ist die Kartei in drei bis fünf Abschnitte unterteilt. Auf Karteikarten werden die neuen Vokabeln geschrieben, z. B. Lernwörter aus dem deutschen Grundwortschatz oder aus einer Fremdsprache. Ihr Kind schreibt jedes neue Wort auf eine eigene Karte. Kontrollieren Sie dabei die Rechtschreibung, und achten Sie auch auf lesbare Schrift! Notfalls sollten Sie die Karte beschriften, damit Ihr Kind ein deutliches Wortbild vorfindet.

Soll sich Ihr Kind die Rechtschreibung eines deutschen Wortes merken, wird nur eine Seite der Karte beschriftet. Bei einem fremdsprachigen Wort schreiben Sie auf die Rückseite die deutsche Übersetzung.

So arbeiten Sie und Ihr Kind mit der Lernkartei

Jeden Nachmittag nach den Hausaufgaben nehmen Sie sich fünf bis zehn Minuten Zeit und durchsuchen die letzten Hefteinträge, Proben, Diktate usw. nach Rechtschreibfehlern. Die »Fundstücke« schreibt Ihr Kind nun einzeln auf jeweils eine Karteikarte, natürlich in der richtigen Schreibweise. Eventuell kann Ihr Kind die schwierige Stelle noch farbig markieren oder verwandte Wörter dazuschreiben.

Muster für eine Lernkarte:

Die Maschine

Waschmaschine, Bügelmaschine, Maschinenpark

Alle neu beschrifteten Karten wandern zunächst in das erste Fach des Karteikastens.

Nach ein bis zwei Wochen ist genügend Wortmaterial gesammelt. Nun können Sie gemeinsam mit Ihrem Kind etwa dreimal in der Woche trainieren. Eine Übungseinheit dauert etwa zehn Minuten und besteht aus zwei Phasen: Zuerst werden fünf bis zehn neue Wörter in das erste Karteifach aufgenommen. Anschließend werden fünf Minuten lang zehn Wörter aus der Kartei geübt. Dabei sollen vorwiegend Wörter aus besonders vollen Fächern verwendet werden.

Wurde ein Wort erfolgreich geübt, darf es in der Lernkartei ein Fach weiterwandern. Auf diese Weise durchwandern alle Wörter die Kartei, bis sie im letzten Fach angekommen sind. Nun müssten sie sicher im Gedächtnis verankert sein und werden aus der Kartei genommen. Gab es bei einem Wort Schwierigkeiten, so kommt es zurück ins erste Fach.

Die richtige Schule für mein Kind

Bei jedem Menschen ist die Aufmerksamkeit dann am höchsten, wenn Anforderungen und Begabungsstruktur möglichst gut zusammenpassen. Sind wir unterfordert, schalten wir ab, weil wir uns langweilen. Ebenso hören wir irgendwann gar nicht mehr zu, wenn wir dem Inhalt nicht mehr folgen können, weil wir überfordert sind.

Ein AD(H)S-Kind braucht eine optimale Passung von Begabung und schulischer Leistungsanforderung, damit es seine knappe Konzentration gut nutzen kann. Es soll durch die gewählte Schulart möglichst nicht unter-, aber auch nicht überfordert werden. Vergleichen Sie die besonderen Begabungen, aber auch die Schwächen Ihres Kindes mit den Anforderungen der jeweiligen Schulen.

Sind Sie sich unsicher, so wählen Sie lieber die Schule mit der geringeren Anforderung. Ihr Kind wird mehr profitieren, wenn es Erfolgserlebnisse sammelt und vielleicht nach einer gewissen Zeit den Übergang in die höhere Schulart schafft. Scheitert es, weil es überfordert wurde, wird es lange dauern, bis es das Erlebnis der Frustration überwinden kann.

Überforderung

Folgende Faktoren führen in weiterführenden Schulen oft zu Überforderung.

- Grundlagen, wie z. B. Rechtschreibung, werden vorausgesetzt. Übungseinheiten dazu finden kaum noch statt.
- Das Arbeitstempo ist höher, Selbstständigkeit wird gefordert.
- Ihr Kind muss mit neuen Aufgabenstellungen zurechtkommen und Kenntnisse in anderen Zusammenhängen anwenden.

Stressfaktoren

- In weiterführenden Schulen kommt jede Stunde eine neue Fachlehrerin. Sie kann keine Rücksicht auf vorherige Anstrengungen nehmen.
- Prüfungstermine legt jede Lehrerin für sich fest. Klassenarbeiten häufen sich oft vor Ferien oder vor dem Notenschluss.
- Es wird für Sie schwer werden, alle Lehrkräfte über die Probleme Ihres Kindes zu informieren. Jede unterrichtet in vielen Klassen. Es wird lange dauern, bis man Ihr Kind kennenlernt.

- Vielleicht fällt ein langer Schulweg an, und Ihr Kind muss früher aufstehen.
- Bei Nachmittagsunterricht bleibt Ihr Kind mittags in der Schule und hat dann noch Hausaufgaben.
- Die Schule ist unübersichtlicher. Ihr Kind muss sich selbstständig orientieren und im Stundentakt andere Klassenzimmer aufsuchen. In den Pausen herrschen Trubel und Unruhe.

Beratungsstellen helfen weiter

Schulpsychologen, Kinder- und Jugendpsychiater, zum Teil auch Beratungslehrkräfte und Erziehungsberatungsstellen bieten Intelligenztests an. Adressen staatlicher Beratungsstellen erhalten Sie im Sekretariat der Schule Ihres Kindes.

Über die Ergebnisse sollten Sie sich ausführlich informieren. Fragen Sie ruhig nach, bis Sie alles verstanden haben! Nur wenn Sie

Die Schullaufbahnentscheidung

- *Wie belastbar ist mein Kind?* Hat es noch Ressourcen, die es z. B. im Gymnasium mobilisieren kann? Oder ist es in der Grundschule schon völlig ausgelastet? Bleibt ihm ausreichend Freizeit?
- *Wie ist das angestrebte Bildungsziel in Ihrem Bundesland erreichbar?* Kinder mit AD(H)S sind oft »Spätzünder«. Es gibt auch später noch viele Wege zur Universität oder Fachhochschule. Informieren Sie sich bei der Beratungslehrerin, beim Schulpsychologen oder in der Berufsberatungsstelle.
- *Welche alternativen Schulen kommen in Frage?* Oft sind private Schulen spezialisiert, z. B. auf hörgeschädigte Kinder oder Kinder mit Schwächen im akustischen Kurzzeitgedächtnis. Auch Ganztagskonzepte können für Kinder mit AD(H)S hilfreich sein, weil der Lernstoff verteilt wird und längere Verschnaufpausen möglich sind.

das Intelligenzprofil Ihres Kindes kennen, können Sie auch entsprechend helfen. Lassen Sie sich auch Tipps geben, wie Sie es sinnvoll fördern können.

Immer wieder: Das Gespräch mit der Lehrerin

Informieren Sie die Lehrerin ebenso ausführlich über die Ergebnisse des Tests, damit sie sich besser auf Ihr Kind einstellen kann. Sammeln Sie mit ihr Kriterien für die Schullaufbahn Ihres Kindes. Stellen Sie die Chancen einer Schulart den Risiken gegenüber. Suchen Sie auch möglichst rasch das Gespräch mit der zukünftigen Lehrerin. Haben Sie aber auch Verständnis für sie: Sie muss sich gerade auf etwa 30 neue Kinder einstellen. Sprechen Sie nach ein paar Wochen noch einmal mit ihr (siehe auch Seiten 90–97).

Bewältigung von Prüfungsangst

Machen Sie sich und Ihrem Kind bewusst: Eine gewisse Aufregung ist gesund und hilfreich! Nur wenn die Aufregung zu viel wird, blockiert der Motor und die Leistung sinkt. Für Kinder eignen sich Entspannungsübungen aus der Hypnotherapie, auch Yoga und Autogenes Training.

»Ruhig Blut!«

So trainiert Ihr Kind Entspannung in Prüfungssituationen.

- Lassen Sie Ihr Kind fünf Minuten Seil springen oder 20 Kniebeugen machen. Messen Sie seinen Puls: *»So ähnlich rast dein Herz auch, wenn du aufgeregt bist. Ein bisschen davon ist gut, dann springt dein innerer Motor richtig an. Aber wenn es zu viel wird, musst du zur Ruhe kommen.«*
- Üben Sie: *»Du atmest einige Male tief durch. Ein und aus. Jedes Mal sagst du dir ›Ruhig Blut! Ruhig Blut!‹ Merkst du, wie dein Herz langsamer schlägt?«* Fühlen Sie den Puls und lassen Sie Ihr Kind vergleichen.

- Besprechen Sie mit Ihrem Kind, den Wechsel von Aktivität und »Ruhig Blut« bei Prüfungen einzusetzen.
- Frischen Sie die Übung mit Ihrem Kind regelmäßig auf.

Der Stein des Erfolgs

Um Selbstbewusstsein zu erwerben, muss Ihr Kind tief in seinem Bewusstsein verankern, was es gut kann. Dazu eignet sich der »Stein des Erfolgs«.

- Gehen Sie mit Ihrem Kind ins Freie und wählen Sie gemeinsam einen Stein aus. Er soll Ihrem Kind gefallen und sich richtig gut in seiner Hand anfühlen.
- Schreiben oder malen Sie in Ruhe auf ein schönes Blatt Papier, was Ihr Kind gut kann, zu Hause oder in der Schule. Denken Sie auch an soziale Fähigkeiten, z. B. *»Du kannst gut trösten«, »Du kannst andere oft zum Lachen bringen«*.
- Wickeln Sie den Stein feierlich in das beschriebene Papier. Er bleibt mindestens eine Nacht darin, vielleicht unterm Kopfkissen. Erklären Sie: *»Der Stein tankt auf, was du gut kannst. Und morgen steckst du ihn in die Hosentasche. Wenn du dich kraftlos fühlst, berührst du den Stein. Er wird dich an all die Dinge erinnern, die du so gut beherrschst. Und gleich wirst du wieder neue Kraft und neuen Mut bekommen.«*
- Sprechen Sie mit Ihrem Kind darüber, wann der Stein geholfen hat. Tanken Sie den Stein von Zeit zu Zeit gemeinsam mit einem neu beschriebenen Blatt Papier wieder auf!

Ich nehme mir Zeit für mein Kind: Die Familie ausbalancieren

In Manuelas Familie leiden alle unter den Schulproblemen des Mädchens. Während die Mutter kaum noch an etwas anderes denken kann als an Manuelas Mathenoten, ist der Vater völlig genervt. Er will nicht mehr über das leidige Thema sprechen. Kommt die Fa-

Stopp, so kann es nicht weitergehen!

- Reservieren Sie genug Zeit für Familienaktivitäten!
- Machen Sie eine Liste von Vorhaben, die allen Spaß machen, und tragen Sie in einen Kalender geplante Ausflüge ein. Vorfreude ist die schönste Freude!
- Schulprobleme sind während der Familienaktivitäten tabu.
- Streichen Sie auf keinen Fall bei schlechten Noten diese Aktivitäten!

milie am Esstisch zusammen, herrscht oft eisiges Schweigen. Manuelas Schulprobleme sind zur Familienkrise geworden!

Eltern-Burn-out vermeiden

Eltern von AD(H)S-Kindern müssen besonders anstrengende Erziehungsarbeit leisten und kommen in Phasen mit hohem Stresspotenzial nicht selten an die Grenzen ihrer Kraft. In der Sorge um das Kind stellen sie die eigenen Bedürfnisse oft zurück oder vergessen sie sogar. Viele Eltern, vor allem die Mütter, fühlen sich ausgebrannt, leer, funktionieren nur noch irgendwie, sind ständig gereizt, haben Kopfschmerzen oder andere psychosomatische Symptome. Man kennt diesen Zusammenhang aus dem Arbeitsleben als *Burn-out-Syndrom*, das vor allem soziale Berufsgruppen betrifft. Heute wird der Begriff auch auf erschöpfte Eltern angewandt, deren Erziehungsarbeit oft noch eine größere Belastung darstellt als die berufliche.

Ihre persönliche Wellness

Stellen Sie Ihr persönliches Programm zusammen!
- Was tut Ihnen gut?
- Was entspannt Sie?
- Was haben Sie früher gerne unternommen, als Sie noch keine Kinder hatten?

- Was wollten Sie vielleicht schon immer einmal machen und haben es sich nie gegönnt?
- Vielleicht wollten Sie mal wieder tanzen gehen?
- Wie wäre es mit einem Malkurs?
- Oder entspannen Sie beim Sport am besten?

Engagieren Sie einen Babysitter für einen Tag im Monat, besser in der Woche, und gehen Sie mit Freunden aus. Feste Termine garantieren, dass Sie sich die Zeit auch regelmäßig nehmen. Wenigstens einmal im Jahr sollten Sie sich ein Wochenende oder eine Kurzreise ohne Kinder gönnen; das gibt Kraft für Wochen. Im Alltag sollten Sie jeden Tag ein paar Minuten genießen, Tee trinken, baden, telefonieren ...

Positives Denken wirkt Wunder

Schreiben Sie regelmäßig auf, was gut gelaufen ist: wo Sie gelassen reagiert haben, wann Sie stolz auf sich waren. Benutzen Sie dafür ein richtig hübsches Büchlein. Nicht nur Ihr Kind braucht Ermutigung, auch Ihnen tut Mut gut!

Rückzug im Notfall

Treten Sie innerlich vier Schritte zurück und fragen Sie sich:
- Was brauche ich jetzt?
- Was sind meine eigenen Bedürfnisse? (Essen, Schlaf, Ruhe ...)

Tun Sie etwas für sich. Wenn Sie wieder Kraft haben, betrachten Sie Ihr Kind mit liebevollem Abstand! So können Sie mit neuem Mut auf seine Bedürfnisse eingehen.

Gemeinsam geht es besser

In manchen Städten haben sich Eltern zu Selbsthilfegruppen zusammengetan. Adressen stehen im Internet beim Bundesverband

ADS/ADHS unter www.bv-ah.de. In solchen Gruppen merken viele Eltern zum ersten Mal, dass auch in anderen Familien ein täglicher Kampf um die Einhaltung von Regeln stattfindet. Es tut gut, wertvolle Tipps auszutauschen. Gibt es in Ihrer Nähe noch keine Gruppe, werden Sie doch selbst aktiv! Bei einem Anteil von 3–6 % AD(H)S-Kindern finden Sie bestimmt auch an der Schule Ihres Kindes genügend interessierte Eltern. Erster Ansprechpartner könnte der Elternbeirat sein. Bei der Suche nach einem geeigneten Raum ist Ihnen sicherlich die Schulleitung behilflich.

Extratipp: Nachhilfe – ja oder nein?

Vor dieser Frage stehen verzweifelte Eltern oft schon in der Grundschule. Nachhilfe ist nur sinnvoll,

- wenn die Nachhilfelehrerin mit dem Lehrplan vertraut ist, sonst wird Ihr Kind durch Unterschiede zur Schule verwirrt,
- wenn die »Chemie« zwischen Ihrem Kind und der Nachhilfelehrerin stimmt; sie ist vor allem für Kinder im Grundschulalter unersetzlich,
- wenn die Nachhilfe dazu beiträgt, den Familienfrieden wiederherzustellen; viele Kinder üben williger mit Außenstehenden,
- wenn Ihr Kind zur Mitarbeit motiviert werden kann,
- wenn die Nachhilfe nur vorübergehend stattfindet, um Lernkrisen zu überwinden oder Lücken zu schließen; jahrelange Dauernachhilfe ist keine Lösung

Anhang

Lösungsvorschläge

»Wo wird richtig gelobt?«, Seiten 54 f. Kevins Mutter hat bei Aussage zwei und drei richtig gelobt. Die anderen (sicherlich gut gemeinten) Bemerkungen enthalten versteckte Kritik. Näheres erfahren Sie in der rechten Spalte.

»Federmäppchen und Blättermappe sind ordentlich, leider ist der restliche Schulranzen immer noch unordentlich.«	Hier würdigt Kevins Mutter einerseits die Leistung. Sie erkennt an, dass er Federmäppchen und Blättermappe aufgeräumt hat. Doch die nachgeschobene Bemerkung, dass der Rest des Schulranzens nicht ordentlich ist, zerstört das gut gemeinte Lob. Bei Kevin wird im Gedächtnis bleiben: *»Ich habe es wieder nicht geschafft!«* Das steigert Frust und vermindert seine Bereitschaft, weiter an seiner Aufgabe zu arbeiten.
»Ich freue mich, dass du viele Stifte richtig eingeordnet hast. Das hilft dir morgen in der Schule, sie schnell wiederzufinden.«	Hier hat Kevins Mutter richtig gelobt: Sie legt das Augenmerk auf den Fortschritt. Kevin hat einen Teil seiner Aufgabe erfolgreich erledigt. Durch das Lob zeigte ihm seine Mutter: Ich sehe deine Anstrengung und würdige sie. Gleichzeitig betont sie durch die nachgeschobene Erklärung noch den Nutzen für Kevin. Kevin erkennt: *»Ich mache das für mich.«*
»Deine Arbeitsblätter sind alle an Ort und Stelle. Ich bin stolz auf dich, dass du das schaffst. So bekommen die Blätter keinen Knick, und du	Hier hat Kevins Mutter richtig gelobt: Auch hier hebt sie das Positive hervor und betont den Nutzen aus dem veränderten Verhalten. Kevin erfährt: *»Meine Anstrengung wird gesehen.«* Das gibt ihm Mut, sich weiter anzustrengen, und stärkt sein Selbstbewusstsein. Das Lob richtet folgende Botschaften an Kevin:

Lösungsvorschläge

schaffst es vielleicht, von deiner Lehrerin einen Stempel dafür zu bekommen.«	■ Teilerfolge werden gesehen und gewürdigt. ■ Ich weiß, wie schwer es für dich ist. ■ Diesen Erfolg hast du dir zu verdanken.
»In deinem Federmäppchen hast du fünf Stifte richtig einsortiert. Warum hast du das nicht gleich bei allen Stiften gemacht?«	Hier sieht die Mutter einerseits, dass Kevin einen Teil der Aufgabe erledigt hat, erkennt diesen Teilerfolg aber nicht an. Sie würdigt Kevins Anstrengung nicht, die fünf Stifte richtig eingeordnet zu haben. Durch ihre Frage signalisiert sie ihrem Sohn: »Du hast dich nicht genug angestrengt!« Das erzeugt Frustration und macht mutlos.
»Federmäppchen und Sammelmappe sind eingeordnet. Jetzt ist es ganz leicht für dich, morgen den ganzen Schulranzen sauber zu halten.«	Auch hier erkennt die Mutter nicht, wie anstrengend es für Kevin ist, Ordnung zu halten. Es ist für ihn eben nicht »ganz leicht«, den ganzen Schulranzen sauber zu halten. Sonst würde er das sicherlich tun. Die Gefahr ist groß, dass Kevin sein Ziel aufgibt, den Schulranzen irgendwann ordentlich halten zu können.

»Anstrengung und Fehler«, Seiten 55 f. So könnte Kevins Mutter seine Anstrengung würdigen: *»Es war sehr schwer für dich, nach dem anstrengenden Vormittag noch zusätzlich den Eintrag zu schreiben. Trotzdem hast du dich ›durchgebissen‹ und nicht aufgegeben. Darauf kannst du sehr stolz sein.«* In diesem Fall auf die Unlesbarkeit der Schrift oder auf die vielen Fehler einzugehen, wäre kontraproduktiv. Kevin hat den Eintrag freiwillig geschrieben. Deshalb ist hier ausschließlich zu würdigen, dass er bereit war, eine zusätzliche Anstrengung auf sich zu nehmen. Gäbe es Kritik für seine Schrift oder die Abschreibfehler, könnte Kevin denken: *»Das habe ich davon. Jetzt schreibe ich freiwillig den Eintrag fertig und werde noch geschimpft dafür. Das nächste Mal lasse ich es gleich bleiben!«*

»Welche Sprache wird gesprochen?«, Seiten 95 f. In der ersten Übung spricht nur die Lehrerin in der Giraffensprache, die Kinder formulieren alle Botschaften in der Wolfssprache.

Lösungsvorschläge zur zweiten Übung:

Wolfssprache	Giraffensprache
»Entweder du hörst jetzt auf, mit dem Radiergummi herumzuspielen, oder ich mache mit dir keine Hausaufgaben mehr!«	»Mich macht es furchtbar wütend, dass du mit dem Radiergummi herumspielst und mit den Hausaufgaben nicht weiterkommst. Ich kann ja verstehen, dass du wenig Lust auf Schularbeiten hast. Ich würde auch lieber gleich schwimmen gehen. Lass uns gemeinsam überlegen, wie viel Hilfe du brauchst, was du alleine bewältigen kannst und in welcher Zeit du die Aufgaben schaffen könntest.«
»Es ist unglaublich! Du hast in der Klassenarbeit schon wieder die letzten Aufgaben nicht gemacht. Kein Wunder, dass du eine Fünf hast!«	»Mir ist aufgefallen, dass du ganz oft bei Klassenarbeiten die letzten Aufgaben nicht schaffst. Kann es sein, dass du Probleme mit der Zeit hast? Lass uns einmal in Ruhe darüber sprechen, woran das liegen könnte.«
»Jetzt stell dich nicht so an! Diese paar Rechnungen wirst du wohl noch schaffen!«	»Ich habe den Eindruck, dass du furchtbar trödelst. Meiner Meinung nach sind das nicht mehr viele Aufgaben, und schwer sind sie auch nicht. Oder verstehst du etwas nicht? Dann erkläre ich es dir ... Jetzt kannst du ganz schnell fertig werden! Auf geht's!«

Literatur

- Bauer, Joachim: **Das Gedächtnis des Körpers. Wie Beziehungen und Lebensstile unsere Gene steuern.** 8. Aufl., Piper, München 2004

- Endres, Wolfgang: **So macht Lernen Spaß.** 17. Aufl., Beltz, Weinheim 2000

- Heil/Effinger/Wölfl: **Schüler mit ADHS – verstehen, fördern, stärken.** Janssen Cilag GmbH (Hrsg.), Care-Line, Neuried 2006

- Kaniak-Urban, Christine: **Jedes Kind hat seine Stärken. Typgerecht erziehen, seelische Nöte erkennen, Kompetenzen fördern.** 4. Aufl., Kösel, München 2002

- Kaniak-Urban, Christine Schlamp, Katharina: **Mit Spaß und Erfolg durch die Grundschule.** Urania-Ravensburger, Berlin 2001

- Schulz von Thun, Friedemann: **Miteinander reden 1. Störungen und Klärungen.** rororo, Hamburg 2006

- Rosenberg, Marshall: **Gewaltfreie Kommunikation. Eine Sprache des Lebens.** 4. Aufl., Junfermann, Paderborn 2004

- Rosenberg, Marshall: **Erziehung, die das Leben bereichert. Gewaltfreie Kommunikation im Schulalltag.** Junfermann, Paderborn 2004

Register

Aktives Zuhören 88
Angst 9, 17, 65, 119 f.
Arbeitsplatz 48, 111
Augenuntersuchung 35
Auszeit 78, 89, 122
Authentizität 32 f.
Autogenes Training 119

Belohnungssystem 80, 95
Beratungsstellen 17, 118
Burn-out 121

Computer 30, 51

Diagnose 14, 16 – 20, 91
Dyskalkulie 15, 29

Eigenverantwortung 32
Entspannung 34, 46, 109
Epilepsie 17
Erfolg 50, 52, 65, 125 f.
Ergotherapie 29
Erholung 46, 49, 51, 111
Erziehung 30 – 33

Familie 18, 20, 28, 32 f.,
   68 – 80, 91
Feinmotorik 15, 28 f.
Fenstertechnik 56
Fernsehen 31, 51, 111

Gedächtnis 38 – 41, 43 – 45,
   49
Gedächtnistraining 41 f., 47,
   51, 58 f.
Gefühle 43, 52, 70 – 80, 93 f.
Gehirn 38 – 41, 43 – 45,
   50 – 52
Gespräch mit der Lehr-
   kraft 90 – 97, 119
Gesprächsregeln 70 – 72,
   90 – 97
Giraffensprache 93 – 95, 126
Grenzen setzen 30, 69 f.

Häufigkeit 18, 123
Hausaufgaben 8, 46 – 49,
   111 – 116
Hyperaktivität 14, 23

Impulsives Verhalten 43
Informationsaufnahme
   38 – 41, 43
Informationsverarbeitung 41 f.
Intelligenz 31, 107 – 109

Karteikasten 115 f.
Kindergarten 15 f.
Klassenclown 66 f.
Kommunikation 70 – 72, 74,
   84 – 89, 98 – 101
Konflikte 88 f.
Konfliktgespräche 96 f., 100
Konsequenzen 57 f.
Konzentration 23, 26, 43, 52 f.
Kunst 81
Kurzzeitgedächtnis 39 f., 44 f.

Langzeitgedächtnis 40 f., 45
Lernen lernen 29, 41, 43,
   47, 48 – 53, 110 – 116
Lernschwierigkeiten 45
Lese- und Rechtschreib-
   schwäche 15, 29
Loben 54 – 56, 64, 124 f.

Machtkampf 62 – 65
Massage 73 f.
Medien 30 f.
Medikamente 21 – 27, 91
Mindmapping 114 f.
Motivation 40
Motorik 14, 23
Musik 103
Mutsprüche 47

Nachhilfe 123
Nebenwirkungen 25 – 27
Neurotransmitter 23

Ohrenuntersuchung 35

Psychostimulanzien 23 f.
Psychotherapie 27 f.
Punkteplan 58, 111 f.

Rechenschwäche siehe
   Dyskalkulie
Regeln 20, 30 f., 56 – 58, 111

Reizüberflutung 31
Ritalin 21 f.
Rituale 31, 48 f., 79

Schulpsychologie 7 f., 118
Selbsthilfegruppe 122
Selbstmanagement 25, 27 f.,
   110 – 116
Selbstständigkeit 79
Selbstwertbewusstsein,
   Selbstwertgefühl 52,
   63 – 67, 81, 120
Sozialverhalten 15, 28, 63,
   66 f.
Spiele 33 f., 73 f., 75 – 78,
   102 f.
Spieltherapie 27 f.
Sport 59
Stimulanzien 23 f., 26 f.
Stoffwechsel 25 f.
Strattera 21
Streiten 78 – 80
Struktur 47 – 50
Symptome 14, 18 f., 66

Teufelskreis 56, 62 – 67
Therapien 21, 25, 27, 91

Üben 41 f., 50 f., 53, 109
Ursachen 16 – 20

Vererbung 18, 20
Verhaltensauffälligkeiten
   27, 53, 62, 65, 67
Verhaltenstherapie 27 f.
Verlässlichkeit 33, 80
Vertrag 101

Wahrnehmung 33 f., 39,
   103
Weiterführende Schulen
   106, 116 – 119
Wellness 121 f.
Wertschätzung 33, 68 – 70
Wolfssprache 93 – 95, 126

Yoga 119

Zappelphilipp 9, 14